나는 신들의
요양보호사입니다

얼마 전에 하늘나라에 가신
돼지삼촌과 할머니를 애도합니다.
그리고 28년간 글쓰기를 할 수 있도록 지켜봐주신
엄마와 이모에게 감사를 전합니다.

어느 요양보호사의 눈물콧물의 하루

나는 신들의 요양보호사 입니다

이은주 에세이

에르츠나인

아무것도 없으면서
다 가진 것처럼 행동했던 자신과
솔직하게 마주할 때가 왔나 보다.

어제저녁 슬리퍼를 끌고
저녁 뉴스를 보기 위해 모여 있는
노인들을 보면서
그들과 나의 삶이 별반 다를 것이 없다는
생각이 들었다.

3교대 근무를 하면서
그녀들의 기저귀를 갈고 침대 시트를 갈고
대소변 체크 일지에 시간별 메모를 하면서,
나도 언젠가는…

이곳에서 생의 마지막을 보내리라는
생각이 들었다.

프롤로그。

　　요양보호사의 아침은 창문을 열고 환기를 시키면서 어르신들의 밤사이 안부를 묻는 것으로부터 시작한다.

　하루 종일 누워서 생활할 수밖에 없는 장기보험 1급 환자와 자신의 이름조차 기억에 없는 치매 어르신을 나는 뮤즈와 제우스라 부른다. 한평생을 치열하게 살다가 하늘나라로 가기 전 단계인 요양원을 신화적 세계로 이끌어 오고 싶었다. 인간의 힘으로는 어쩔 수 없는 것들에 대한 판타지. 아픈 몸으로 살 때 구차하고 누추한 감정이 아니라, 좀 더 아름다운 세계에 살고 있으면 좋겠고, 그곳에서 일하는 나 또한 그런 신화적인 세계에서 삶과 죽음을 돌보고 있다는 자각을 한다면 좋겠다는 생각에서다. 그냥 무명의 어르신이 아니라 나의 뮤즈가 되고 나의 제우스가 될 때 어르신을 돌보는 손길이 조금 더 다정하고 예의 바르게 행해지길 바라는 마음에서다. 그리고 나는 같은 이유에서 이곳 요양원을 하늘정원이라고 부르고 있다.

하늘정원에서 뮤즈와 제우스는 몸이 점점 가벼워진다. 마치 어린왕자가 자신의 별로 돌아가기 위해서 자신의 몸과 이별을 고했듯이.

나도 언젠가는 이들 뮤즈와 제우스의 자리에 있을 것이다. 누군가 와서 갈아주기 전까지는 축축한 기저귀에 몸을 맡겨야 할 것이다. 누군가 내 입안에 숟가락으로 죽을 넣어주기 전까지는 목이 마른 것도 견뎌야 할 것이다. 누가 내 손과 발을 어루만져주기까지는 담요 밖으로 갑갑한 발을 빼내지도 못할 것이다. 비 오는 날엔 요양원에서 요일마다 바뀌는 프로그램에 동원되어 휠체어에 실린 채 실내복을 입은 상태에서 낯선 사람들과 어울려 시끄러운 노래를 들어야 할지도 모른다. 열정에 가득 찬 봉사자에 의해 억지로 간식을 먹어야 할지도 모른다.

운이 좋으면 침대 곁에서 내 손을 잡고 한동안 체온을 나누어 줄 봉사자도 만날 수 있을 것이다. 모르겠다. 낯선 사람의 체온이 반가울지 어떨지. 지금 생각엔 아무 말 없이 그저 손을 잡고 따스한 체온을 나누어 주는 사람이 고마울 것 같다.

몸에 좋다고 억지로 먹이는 일만은 없었으면 좋겠다. 젊어서도 몸에 좋은 음식을 찾아 먹지 않던 내가 하늘나라에 가기 직전에, 그것도 억지로 먹게 된다면 고통스러울 테니까.

나의 뮤즈와 제우스는 아침 7시에 식사를 한다. 식사를 마치면 대부분 시간을 거실에서 보낸다.

뮤즈98은 혼자 방에 있을 때가 많다. 성경책을 한 줄씩 손으로 짚어 가면서 소리 내어 읽는다. 아버지가 아프셔서 간병을 하다 혼기를 놓친 뮤즈98, 그녀에게 간식을 들고 가는 시간이 기다려진다. 뮤즈98은 아직 이가 튼튼해서 모든 음식을 맛있게 먹는다. 나는 그녀처럼 늙고 싶다. 그녀처럼 소변을 가리고 그녀처럼 책을 읽고 그녀처럼 밥을 먹고 싶다.

뮤즈98의 룸메이트는 지금은 하늘나라에 간 줄리에트비노슈 뮤즈. 그녀가 소파에서 낮잠을 자면 나는 무릎담요를 덮어드린다. 그녀의 잠든 모습을 사진에 담았다가 모두 잠든 밤에 스케치를 하기도 했다. 굽실굽실한 반백의 머리카락, 넓은 이마, 창백한 뺨, 얇은 입술, 단정한 턱. 그녀의 일생이 어땠는지 나는 모른다. 단지 밤이면 배회하는 치매를 앓고, 냉장고에서 음식을 꺼내 먹는 식탐이 많은 현재의 뮤즈만 알뿐.

그녀가 하늘나라로 먼 여행을 떠났다는 걸 처음 발견한 사람이 나여서 다행이었다. 숨을 거두기 전날 그녀는 내게 말했다. '고마워'라고. 무엇이 어떻게 고마운지 묻지도, 답해줄 수도 없는 그녀. 그녀의 마지막을 지켜보면서, 그녀의 눈을 감겨주면서 '아무 걱정 마세요. 자식 걱정도 말고, 돈 걱정도 말고, 어떻게 살아야 할지도 걱정하지 마세요. 편히 쉬세요.'라고 속삭였다.

 한번은 사고무친인 뮤즈의 짐을 정리한 적도 있었다. 박스에 그녀의 옷가지며 소지품을 정리하고 목록을 작성하면서 나는 그녀의 사진 석 장을 챙겼다. 그녀의 사진이 아무렇게나 버려지는 것이 아쉬워 집으로 가져와서 헌 프라이팬 위에서 태워 재로 만들었다.

 3교대 근무는 그렇게 간단하지만은 않다. 낮과 밤이 바뀌고 불규칙한 수면으로 장애가 오기 마련이다. 야근을 마치고 아침 해가 뜨는 시각에 현관문을 열고 들어서면 피로가 몰려오긴 해도 잠이 쉽게 오지 않는다. 베란다에 서서 세탁기 돌아가는 소리를 들으며 멍하니 서 있다 보면 오전 10시가 지나있다. 쉬는 날인 이틀 중 하루가 잠으로 사라지는구나, 잠결에 뒤척이며 이런 생각을 할 때가 가장 가난한 느낌이 든다.

 아무것도 없으면서 다 가진 것처럼 행동했던 자신을 더 이상 못 본 척할 수가 없다. 언제부터 허세로 무장한 어른이 되었는가? 나는 괜찮다고, 아직은 견딜 만하다고 말해 왔지만, 그대로 주저앉고 싶을 땐 두 손으로 얼굴을 감싼다. 푸른 심줄이 나무뿌리처럼 솟은 손등은 눈물을 외면한다. 눈물을 내버려 둔다.

매일 죽음과 대면한다는 것은 생각보다 마음을 지치게 한다. 나이 든 여자에게는 3교대 근무 노동의 강도가 과하다.

이 모든 것을 대수롭지 않게 외면하고 살다가 갑자기 피로가 몰려들면 지구 밖으로 내동댕이쳐진 기분이 든다. 홀로 우주를 떠돌다 소혹성의 파편에 부딪쳐서 데굴데굴 굴러다니는 나를 어떻게 하면 다시 지구 안으로 데리고 올 수 있을까.

요양원에서의 아침이 또 시작되고 있다. 코에 연결된 튜브로 경관식을 먹는 제우스와 눈이 마주친다.

제우스의 눈동자가 반가운 듯 움직인다. 마른 입술을 달싹인다. 밤사이 숨이 죽은 베개를 턴 후 목 사이로 손을 넣어서 고쳐드린다. 입술에는 바셀린을 발라드리고 여윈 뺨을 손바닥으로 가볍게 쓸어드린다. 제우스와 나의 아침인사다.

이상한 일이다. 일을 끝마치고 집으로 돌아가면 아무것도 없으면서 다 가진 것처럼 행동했던 자신의 실체에 괴롭던 내가 요양원에서의 아침 창가에 서면 상처 위로 새살이 돋아난 듯 씩씩하게 침대에서 침대를 누비고 다닌다. 어디에서 이런 힘이 솟아나는지 나는 모른다.

        이곳에서는 하늘나라로 순간 이동할 날을 앞둔 뮤즈와 제우스가 날마다 깃털처럼 가벼워지고 있다.

제우스의 발목은 나의 손목과도 같고, 제우스의 허벅지는 나의 종아리보다 야위었다. 그런 제우스의 기저귀를 갈고 나면 이마를 타고 떨어지는 땀방울로 눈이 따가워지는 나. 그런 나를 위로하듯 제우스가 "파이팅!" 하고 격려를 하는 순간이 있다. 그때 제우스와 나의 눈이 마주치며 생기는 강한 연대감. 미래를 기약하지는 못 하나 바로 지금, 안간힘을 쓰며 살아내는 그와 나의 연대감이 있다. 잃을 것이 없는 것처럼 얻을 것도 없는 수평적인 관계만 있는 것이다.

피해갈 수도 없고 무시할 수도 없는 시간 속에서 그렇게 제우스와 뮤즈와의 하루가 시작되고 있다.

        먼 훗날 나 또한 한 사람의 뮤즈가 되어 하늘나라로 가기 전까지 누군가의 도움 없인 살아갈 수 없을 때가 온다고 해도 의미 따위 찾지 말자.

더 이상 아무것도 없으면서 다 가진 것처럼 행동했던 자신을 미워하지도 말자. 나에겐 뮤즈와 제우스를 위한 요양보호사로서의 수많은 아침이 남아 있으니까.

2019년 10월 1일
이은주

차
례
。

프롤로그 008

1부 요양원에서의 하루

50초의 낮잠은 50억 광년	023
그녀는 나의 뮤즈, 나의 고양이	027
나는 잔 꽃무늬 이불이 없으면 못 잔단 말이다	030
아침이야 밤이야	035
줄리에트비노슈 뮤즈의 악몽	037
엄마와 나 ① 엄마에 대해 쓰기로 했다	040
엄마와 나 ② 엄마가 문제다	044
엄마와 나 ③ 엄마의 자리	047
엄마와 나 ④ 우리는 어머니 절반도 못 따라간다	052
쉬는 날 단톡으로 받는 부고	054
애도의 시간	057
신 가족 제도가 필요하다	061
뮤즈들은 인형 쟁탈전 중	064
나의 뮤즈들은 잠들었다	066
얼굴에 땀 대신 눈물 흐르게 한다	070

아파, 입모양 읽기	072
제우스의 침묵	074
청년이 요양원 문턱을 넘어서면	077
우리 둘이 사는구나	079
아이 맛있어	081
체위변경 할 때 어디가 불편하신가요?	084
정서적 지지가 필요한 당신	086
호두과자로 제우스와 교감하기	089
밤새 사막을 걸었노라	091
이국종 교수 강의를 눈물로 보다	095
컴퓨터 입력사 ① 컴퓨터 입력이 주업무인가요?	098
컴퓨터 입력사 ② 컴퓨터 업무 줄일 수 없을까?	099
오늘 듣고 싶은 말을 들었다	101
나는 요양보호사입니다	103
동료에게 꽃 한 송이를 드림	108
뒤에서 네 번째 업무일지	111
뒤에서 세 번째 업무일지	113
같은 방 쓰면 좋겠지요?	116
세상에 딸을 미워하는 엄마는 없지요	118
마을 안의 요양원	124

2부 봉사자에서 요양보호사 되기까지

목욕 봉사	129
여름 문안	139
다음 강의가 기다려지는 수업	144

눈물콧물 실습 중 ① 벤자민 버튼의 시간	151
눈물콧물 실습 중 ② 왜? 우는 것보다 낫지	156
눈물콧물 실습 중 ③ 예쁘다니 고맙소!	162

3부 데이케어센터에서의 하루

낱말카드놀이에 깃든 추억과 경험	173
따스한 가정의 일원이 된 느낌	177
제일 좋은 약은 사람이다	181
리듬을 타는 거야	188
다 똑같이 대하지 마세요	193
그냥 내버려 두세요	197

4부 재가방문의 날들

103호 남자들 ① 한 가지 죽만 드시면 질릴까 봐서요	205
103호 남자들 ② 더 해주는 것보다 덜 해줄 용기	211
103호 남자들 ③ 부부는 말은 없지만	215
귤	219
뮤즈와 자전거	222
몰라뮤즈에게 요리를 ① 토마토 달걀 요리	226
몰라뮤즈에게 요리를 ② 반찬이 김치 하나뿐인 밥상	229
몰라뮤즈에게 요리를 ③ 노화, 치매 예방에 좋은 카레	231
몰라뮤즈에게 요리를 ④ 입맛 돋우는 비빔국수	233
몰라뮤즈에게 요리를 ⑤ 몰라몰라 해도 맛있는 김밥	236
몰라뮤즈에게 요리를 ⑥ 꽈리고추와 어묵볶음	239

몰라뮤즈에게 요리를 ⑦	저는 그냥 요양보호사입니다	242
몰라뮤즈에게 요리를 ⑧	일하러 갑시다	246
몰라뮤즈에게 요리를 ⑨	우울증 상담에 쓸 감정표	250
몰라뮤즈에게 요리를 ⑩	고기 싫으면 들기름이라도	253
몰라뮤즈에게 요리를 ⑪	치매 테스트	256

5부 나는 요양보호사입니다

아파 봐야 그 마음을 안다	259
"당신은 요양보호사가 되면 안 된다"	263
열아홉 요양보호사를 만나고 싶다	268
부족한 2%의 사명감을 찾아서	274
2% 부족하지만 날마다 사랑합니다	278
요양보호사 이주에 대한 제안	281
심장이 오그라들 것 같은 날엔	284
돌봄에서 잠시 벗어나기	285

서면 인터뷰	치매는 사랑으로 회복한다	287
에필로그		298

1부

요양원에서의 하루

어머니를 요양원에 모시고 집으로 돌아가는 아드님이
죄책감으로 혼란스러워했던 뒷모습을 기억한다.
세상에 나를 키워주신 어머니를 요양원에 모시다니.
이제 곧 예전의 어머니는 간곳없고
자신의 이름은 물론 얼굴도 알아보지 못할 날이 올 것이다.

요양원

정신적으로나 신체적으로 쇠약한 노인들이 요양을 할 수 있도록 필요한 설비를 갖추어 놓은 곳으로, 노인장기요양보험 홈페이지(www.longtermcare.or.kr)에서 지역별 장기요양기관과 재가 기관, 요양보호사 교육기관을 검색할 수 있다. 요양원을 고를 때, 자신이 살던 동네 근처에 있는 곳을 이용하면 가깝게 지냈던 지인의 방문을 받을 수 있는 장점이 있다.

50초의 낮잠은
50억 광년

그녀가 왔다갔을 때는 마침 줄리에트비노슈 뮤즈가 24시간 배회를 마치고 막 옅은 잠에 빠져들 때였다.
"어머니를 요양원에 모신 후 남편은 밤마다 괴로워해요. 어머니를 버렸다고."
갑자기 악화한 시어머니를 요양원에 모신 후 경황이 없어서 챙기지 못한 옷가지를 나에게 건네주시며 말했다.
나는 아니라고, 어머니를 버린 게 절대 아니니 자신을 비난하지 말라고 위로하고 싶었으나 상대방이 어떻게 해석할지 몰라 그저 고개만 끄덕였다.
가족이 모두 회사며 학교로 외출한 후 서서히 악화하던 뮤즈의 기억력은 전구가 나가듯 나가버렸고 판단력도 절제도 언어조차도 상실한 채 냉장고에 있는 음식이란 음식은 보이는 대로 다 드셨을 것이다. 집으로 돌아온 가족들은 자식들을 알아보지도 못하고 위험한 가스가 있고 배회를 하다가 길을 잃을 수도 있는 어머니를 요양원에 모시기로 결정하기까지 망설이고 또 망설였을 것이다.

어머니를 요양원에 모시고 집으로 돌아가는 아드님이 죄책감으로 혼란스러워했던 뒷모습을 기억한다. 세상에 나를 키워 주신 어머니를 요양원에 모시다니. 양팔을 들어 올려 하늘에 고하는 모습이 보인다. 이제 곧 예전의 어머니는 간곳없고 자신의 이름은 물론 얼굴도 알아보지 못할 날이 올 것이다. 어머니를 요양원에 모시고 돌아가는 아드님의 뒷모습은 마음을 오그라들게 하는 데가 있었다. 그의 죄책감이 크면 클수록 어머니를 찾아뵙는 일이 쉽지는 않겠지.

며느리인 그녀가 가져온 단추가 많은 여벌의 옷을 받아드는 나는 이번에도 말을 삼킨다. 부모님을 요양원에 모실 때의 매뉴얼을 만들어야겠다. 예를 들면...

> 단추가 많은 옷은 기피대상입니다. 땀 흡수가 잘 되는 면 티를 추천해드립니다. 방문을 하실 때 남지 않을 정도의 양으로 과일이나 즐겨 드셨던 간식을 드립니다. 옷도 갈아입혀 드리며 전체적인 건강을 살핍니다. 요양보호사가 해주겠지 하고 맡겨버리면 시간을

내서 방문을 하셔도 도울 일이 없기에 금방 일어서는 경우가 있는데 부모님의 손발톱을 깎아드리면서 간단한 스킨십을 해드리는 것도 좋습니다.

이런 안내가 있다면 부모를 요양원에 모실 때의 시행착오를 줄일 수 있지 않을까.

치매환자는 매시간 시들어가는 꽃과 같다. 꽃이 지고 잎이 지고 나중엔 모든 것이 시들어버리는 꽃. 그런 치매환자를 3주만 만나지 못해도 예전의 모습은 간곳없다. 틀니는 헐거워지고, 안경도 사용하지 않게 되며 몸은 여위고 마침내 걷지 못하게 되는 것이다. 죄책감으로 차일피일 요양원을 찾지 못하다 이렇게 변화된 어머니와 만날 경우 요양보호가 부족했다고 믿고 싶어지는 게 당연하다. 속상하지만 이것이 진실이다. 자식들에게는 트라우마가 되지 않도록 부모와 이별하는 연습이 필요하다.

고통스러워하는 남편과 직장일이며 가사 일은 그대로인데 요양원에 있는 시어머니의 옷가지며 약까지 챙겨야 하는 며느리인 그녀에게 나는 아무 말도 할 수가 없었다. 앞으로도 계절이 바뀔 때마다, 약이 떨어질 때마다, 그밖에 응급상황이 생길

때마다 달려와야 할 것이기에.

사회복지사를 통해서 이런 마음을 전달하기로 했다.

식사 수발이 필요한 분들이 많아서 요양보호사들은 자신의 식사 시간을 줄이면서까지 박 어르신의 식사를 개별적으로 돕고 있어요. 오늘부터 헐거워진 틀니를 빼시고 잇몸으로 식사하시기 시작하셨습니다. 누구나 소중하고 하나뿐인 엄마이기에 노화의 변화를 갑작스럽게 알기보다 조금씩 알려드리는 게 좋을 것 같아서 전해드립니다. 부모와의 이별도 연습이 필요할 테니까요.

요양보호사로서 오늘 기뻤던 점은 그럼에도 불구하고 미역줄기, 달걀, 명란젓 같은 반찬을 잘게 가위로 잘라 숟가락 위에 놓아드리자 달게 잡수시면서 '맛. 있. 다!'라고 정확하게 표현하신 점입니다. 작은 것에도 감사하고 싶고 기도하고 싶어지는 요즘입니다.

- 요양보호사 드림

나의 뮤즈는 잠들었다. 50초의 낮잠은 50억 광년이 흘렀을 것이다. 그녀에겐.

그녀는 나의 뮤즈,
나의 고양이

3분 간격으로 화장실에 가는 그녀 줄리에트비노슈 뮤즈. 배회 또 배회. 걷는 법도 잊었는지 발 앞꿈치로만 디디기에 위태로워 보인다. 어쩔 수 없이 그녀의 손을 잡고 함께 배회하는 수밖에.

이제 그만 멈출 때도 되었는데 영 앉으려고 하지 않는다. 잠시 앉았다가 또다시 벌떡 일어나는데, 내가 다른 볼일이라도 볼 것 같으면 냉장고 문을 열고 뮤즈들의 간식을 꺼내 먹는다. 그녀의 작은 움직임에도 놀라 화장실에 동행하고 배회하는 뒤를 졸졸 따라다니다 불안증이 생긴다.

짤각짤각 시계소리가 크게 들린다. 밤도 깊었는데 도무지 주무시질 않는다. 나는 주문한다.

'절대 내가 주체가 되는 시간을 보내서는 안 된다.'

그리고 곧 실패하고 만다. 라디오를 켠다. 나는 까다로운 주문을 폐기하고 뒷목을 주무른다.

'우선 내가 행복해야지.'

나는 바나나를 먹기 시작한다. 줄리에트비노슈 뮤즈 하나, 나 하나.

취침 약은 벌써 오래전에 드셨는데 전혀 졸려 보이지 않는다. 간호사님께 취침약이 하나도 듣지 않는다고 보고를 드렸으나 약을 강하게 쓰면 오히려 침대에서 일어나시다가 낙상할 위험이 있으니 더 지켜보자는 답변이 돌아왔다. 그렇다면 새벽이 올 때까지 함께 걷는 수밖에 없다.

이렇게 빙글빙글 걷다가는 어지러워서 곧 숨이 넘어갈 것 같은 내가 꾀를 낸다.

젊어서 멋 내기를 좋아했다는 그녀에게 립스틱을 발라 드린다. 손거울을 보여드리자 옷매무새를 고친다. 로션을 손에 듬뿍 짜드리자 양쪽 볼에 콕콕 찍는다. 화장을 다 한 줄리에트비노슈 뮤즈의 깊은 두 눈이 웃고 있다. 얇은 입술에는 미소가 번진다.

손거울에 그녀의 얼굴과 나의 얼굴이 떠 있다. 우리는 거울 안의 자신에게 웃어주고 있었다.

이렇게 쉬운 걸 나는 왜 이제야 발견했을까. 내일은 더 예쁜

색깔의 립스틱을 가져오리라 마음먹는다.

조금 전에는 짜증내서 미안해요. 그렇게 걷다가는 무릎이 나가겠어요. 몸은 또 얼마나 피로할까요. 나는 주문한다.

'완벽하게 하려고 하지 말고 절대 화내지 않기.'

설사 나의 뮤즈가 변기 물을 손으로 휘젓고 있을지라도, 씻겨드리는 나를 때가 낀 손을 할퀼지라도, 헐거워진 틀니 사이로 침이 줄줄 흘러 내 바지 위를 적실지라도, 그녀는 나의 뮤즈, 나의 고양이.

나는 잔 꽃무늬 이불이 없으면
못 잔단 말이다

'새아기 보기 창피해서 마지못해 뵈러 온 거예요. 아이들 결혼한 지 얼마 안 되었는데 시어머니인 내가 당신을 미워한다는 걸 알릴 수는 없잖아요. 젊어서는 왜 그렇게 날 때리셨어요? 난 지금도 당신이 가까이에 있으며 맞을까 봐 겁이 나요. 이것 봐요. 당신이 반기며 손을 치켜들기만 해도 내 몸은 반사적으로 움찔하잖아요. 정말이지 새아기만 없었다면 오늘 오고 싶지 않았어요. 나도 이제 여기저기 안 아픈 곳이 없는데 당신이 드실 땅콩 캐러멜이며 카스텔라가 떨어졌다고 연락이 와서 물리치료 받을 시간에 여기 왔거든요. 늦었지만 이제라도 슬슬 일어나서 물리치료를 받으러 가고 싶은데 아무것도 모르는 새아기가 통 일어날 생각을 안 하네요. 당신이 이제 그만 가보라고 좀 하지 그래요.'

남편을 방문하러 오면 늘 어느 정도 거리를 유지하고 멀찌감치 떨어져 앉는 부인이 있었다. 나중에 안 사실이지만 젊었을 때부터 남편에게 맞고 살았다고 한다. 남편을 요양원에 모시긴 했지만, 며느리 앞에서 시어머니가 맞는 걸 보여줄 수는 없으니까 가능한 한 떨어져 앉는 것이다. 사실 온몸에 문신이 있는 제우스를 모시는 우리 또한 형편이 크게 다르지 않다.

오늘은 제우스가 목욕하는 날. 지난주 제우스를 씻겼던 동료는 목욕을 씻겨드리다 주먹으로 머리를 한 대 맞았다고 한다.

아침부터 나는 분주하다. 우측 편마비로 거동이 불편한 제우스를 침대에서 휠체어에 옮기는 일이며 다시 목욕 의자에 옮겼다가 휠체어로 옮기기가 여간 힘에 부치는 게 아니다. 2인 1조로 움직인다고는 하나 한 사람이 목욕을 담당하는 동안 한 사람은 침대 시트와 이불을 교체하고 갈아입을 옷도 준비해야 하기에 강도 높은 노동이 될 때가 많다.

바쁜 요양보호사를 위해 제우스가 안내에 따라 순조롭게 탈의를 하느냐 하면 그것도 아니다.

'오늘은 내가 목욕하는 날이란다. 불편한 몸으로 내키지 않는 목욕을 하는 것만으로도 화가 난단 말이다. 방에서 욕실까지 휠체어로 이동할 때 거실에서 웬 낯선 할머니들이 내가 지나갈 때까지 구경을 하는 통에 성가셔 죽겠단 말이다. 왕년에 내가 어떤 사람이었는데 파자마 바람에 여자들 앞을 휠체어를 타고 횡단하겠느냐 말이다. 저저, 저 봐라. 저 여자는 뭐가 재미있다고 날 보고 웃고 있질 않느냐. 이런 손바닥만 한 담요나 무릎에 덮어준다고 해서 내 얼굴이 살겠느냐 말이다. 치워라, 이 손. 내가 휠체어에서 목욕 의자에도 못 갈까 보냐. 어랏, 이상하다 왜 자꾸 손이 미끄러지지. 아, 다시 내 침대로 가야겠다. 방향을 바꿔라. 근데 또 거실을 지나쳐가야 한단 말이냐. 생각만 해도 진짜 죽겠네.'

"금방 씻겨드릴게요."
제우스의 표정을 살피며 말한다. 살살 씻겨드려야 하지만, 꼼꼼하게 씻겨드려야 한다. 면도기가 홀쭉한 뺨을 지나가자 혀로 볼록하게 만들어 준다.
"저 편하라고 이렇게 해주는 거예요?"라고 말하고 내가 웃는다.
제우스도 고개를 옆으로 하고 피식 웃는다. 이게 아닌데, 웃으려고 한 게 아닌데 제우스가 급히 입가를 당기는 모습이 맑다.

"우선 옷부터 벗고요. 다음엔 샴푸를 할 테니 눈을 감아주세요. 한쪽 손은 움직이실 수 있으니 비누로 여기 좀 닦아주세요."

불편하긴 하지만 움직이는 한쪽 손이 닿을 수 있는 부분은 스스로 닦도록 기다린다.

"고마워요. 개운하시지요?"

"…."

답이 없으면 그것은 예스로 읽어도 좋다는 뜻.

다시 같은 일이 반복된다. 목욕 의자에서 휠체어로, 휠체어에서 침대로 제우스를 옮겨드리는 동안 이마에 흐른 땀이 눈으로 흘러들어 따갑다. 아무 일 없이 제우스의 목욕시간이 끝이 났다고 안심하긴 이르다. 제우스가 '애정'하는 잔 꽃무늬 이불의 행방을 묻는다. 침대 시트를 갈고 새 이불을 준비해 놓은 동료가 이불의 행방을 고한다.

"세탁 중이에요."

"빨리 내 이불 가지고 오란 말이다, 이불."

"세탁 중이니까 마르면 가져다드릴게요."

동료가 말한다.

이때 제우스의 주먹이 침대를 내리치며 쾅쾅 소리를 낸다. 제우스의 팔뚝에 있던 용의 꼬리도 덩달아 꿈틀댄다. 멀리 떨어져 앉아 있던 부인이 의자를 뒤로 슬금슬금 민다. 동료는 간식 준비에 한창이다.

하루 종일 잔 꽃무늬 이불을 허리에 감고 침대에 앉아 지내는 제우스가 아기처럼 잔 꽃무늬 이불을 자꾸 찾지만, 지금은 세탁 중.

"나는 잔 꽃무늬 이불이 없으면 못 잔단 말이다."

아침이야
밤이야

아버지가 아프셔서 간병을 하다 혼기를 놓친 뮤즈98은 혈혈단신이다. 그런 그녀를 찾는 방문객이 있었다. 방문일지에 '이웃'이라고 쓰여 있다.

뮤즈98은 기분 좋게 한바탕 타령을 부른다.

'세월이 가면 저 혼자 가지. 알뜰한 당신을 왜 데려가나.'

그녀는 혼자 방에 있을 때가 많다. 방석만 한 성경책을 손으로 짚어 가면서 소리 내어 읽는다. 그녀에게 간식을 들고 가는 시간이 기다려진다. 때로는 '내가 뜨개질 도사야' 하고 십여 년 연하인 뮤즈의 뜨개질감을 잠시 빌려 솜씨를 보여주기도 한다. 뮤즈98은 아직 이가 튼튼해서 모든 음식을 맛있게 먹는다. 나도 그녀처럼 늙고 싶다. 그녀처럼 늙어서 소변을 가리고, 책을 읽고, 밥을 먹고 싶다.

어젯밤 뮤즈98의 기저귀를 갈아드리러 가자 눈을 비비며 일어났다(밤에만 기저귀를 쓴다). 당신은 아침이라 여긴 듯하다.

"아침 먹어야지."

"좀 더 주무세요. 아직 밤이에요."

"뭐야?"

깜짝 놀라며 되묻는다.

야윈 그녀의 어깨를 감싸며 눕히려다가 침대 위에 중심을 잃고 쓰러진다. 뮤즈98은 내가 감싼 품 안에 있다. 마치 아이처럼.

그녀가 내 팔뚝을 쓸어주며 하는 말. '고. 마. 워.'

순간 내가 그녀를 안은 게 아니라 그녀가 나를 아기처럼 토닥이는 게 아닌가. 이윽고 그녀가 묻는다.

"아침이야? 밤이야?"

줄리에트비노슈 뮤즈의
악몽

　줄리에트비노슈 뮤즈 당신은 통 잠을 못 주무시네요. 취침 약을 드셔도 잘 듣질 않습니다. 뮤즈들이 모두 잠든 밤에도 혼자 깨서 이 방 저 방 다니며 잠든 뮤즈들의 서랍을 열어서 소지품을 꺼내거나 당신의 빈 침대 옆에 있는 서랍에서 옷을 꺼내서 겨울옷, 여름옷을 번갈아 갈아입지요. 잠깐 밀린 업무를 하느라 주의를 게을리하면 당신은 화장실에 걸린 수건으로 구석구석 청소를 하기 시작합니다. 정신이 맑았을 때 당신은 아주 부지런하고 살림을 깨끗하게 했다는데 치매에 걸렸어도 청소만은 잊지 않고 하지요.

　'여기가 어디인지 모르겠어. 빨리 집에 가야 하는데 어떻게 가야 하는지 모르겠네. 돈이 좀 있으면 좋겠어. 막내아들에게 주면 좋을 텐데. 아들아, 엄마가 널 도와주면 네가 그렇게 고생하지 않아도 될 텐데. 갑자기 왜 이렇게 춥지? 조끼를 입어야겠다. 이 옷은 여기가 앞이야 뒤야? 이상하다 어디에서 많이 본 꽃무늬 바지가 있네. 아차, 청소하는 걸 잊었네. 여기도 치우고 저기도 치우고. 내 방이 어디였지? 어라, 모르는 사람이 내 침대에 누워있네. 이 사람이 내 물건을 마음대로 쓰지 못하게 내 로션을 감춰야겠다. 아이구, 다리야. 다리가 왜 이렇게 아프지? 어서 집에 가야 하는데 통 길을 모르겠네. 아, 배고프다. 저기 냉장고가 있구나. 가서 밥 좀 먹어야겠다. 내 정신 좀 봐. 밥 먹기 전에 화장실 청소하는 걸 깜박했네. 저 아줌마는 왜 자꾸 나를 따라다니지? 여기에서 좀 쉬어가야겠다.'

새벽녘 줄리에트비노슈 뮤즈 당신은 악몽을 꾸나 봅니다. 낮게 신음소리를 내며 괴로워하는 당신 곁으로 가서 제가 깊게 팬 미간의 주름을 문지르며 말합니다.
'아무 걱정하지 마세요. 제가 다 해드릴게요.'
밑도 끝도 없이 제가 말합니다.
침대를 두고 늘 거실에서 주무시는 당신을 위해 깔아드린 이부자리는 비어있습니다. 대신 소파에 누운 당신의 어깨 위로 이불을 고쳐 덮어드리며 볼을 감싸줍니다. 그러자 악몽에 시달리며 신음을 하던 당신이 실눈을 뜨고 바라보며 말씀하십니다.

"예뻐."

"제가요?"

"응, 자네가 예뻐."

당신은 본인이 누구인지조차 모르는 망각의 강을 건넜는데도 인사하는 것만큼은 잊지 않습니다. 모두 다 잠든 밤이라 감정이 격앙되어 있나 봅니다. 줄리에트비노슈 뮤즈 당신이 예쁘다는 말씀을 하자 하루의 피곤이 갑자기 몰려들며 왈칵 울음이 나옵니다. 이 세상에 단지 당신과 나만 있는 것 같습니다. 나태주 시인의 '사랑에 답함'을 암송해 봅니다.

'예쁘지 않은 것을 예쁘게 보아 주는 것이 사랑이다. 좋지 않은 것을 좋게 생각해 주는 것이 사랑이다. 싫은 것도….'

어떻게 하면 당신의 사라진 기억을 찾아드릴 수 있을까요? 어떻게 하면 제가 당신을 악몽에서 구해낼 수 있을까요? 잠이 들면 악몽을 꾸실까 두려워서 당신은 그토록 배회하고 또 배회하시는 건가요?

말씀해 보세요.

제가 어떻게 해드리면 그 이상한 꿈에서 깨어나시겠어요?

엄마에 대해 쓰기로 했다

엄마와 나 ①

　　엄마는 내게 혼자 있고 싶다고 선언했다. 나는 엄마와의 대화법에 익숙해져 있었기에 그저 '오지 마'를 '자주 오지 마' 정도로 해석해 버렸다. 듣기에 따라서 '오지 마'가 '꼭 안 와도 돼'도 된다는 것을 어렵게 해석해 냈기에 이번에도 그런 줄 알았다.

　그러나 이번에는 달랐다. 엄마와 친한 사회복지사를 통해서 엄마는 진짜 혼자 있고 싶다는 뜻을 나에게 전해왔다.

　연말이 다가오고 있었다. 나는 기가 막혔다. 조카들을 돌보고도 모자라 조카딸이 낳은 아들인 조카손자까지 돌보고 있는 나에게 이제 연말에도 엄마를 찾아뵙지 않는 불효자를 만드는가 하고. 그 생각 끝에는 엄마의 입장이 보이지 않았다. 그러니까 엄마는 혼자 있고 싶었던 거였다.

혼. 자.

누구의 엄마도 되지 않고, 누구의 할머니도 되지 않고 오직 자신만의 주인이고 싶다는 엄마의 목소리가 들리지 않았던 내가 엄마의 혼자 있고 싶다는 말을 이해하게 된 계기가 있었다. 그것은 조카손자가 크리스마스를 보내기 위해 조카딸과 집을 비우자 빈집에 있게 된 순간이었다.

조카손자가 없는 빈집에 혼자 있게 된 나는 처음에는 무엇을 해야 할지 모르다가 아무것도 하지 않아도 좋다는 생각이 들자 평상시 보다 몸이 가벼워졌다. 지긋지긋한 허리 통증도 잊고 오직 나를 위한 시간, 자신이 좋아하는 일을 하면서 보낼 수 있는 시간에 나는 감격했다. 엄마는 바로 이 느낌을 원했던 거였는데 나는 말이 안 통하는 자식이었던 거다.

일요일에 만난 엄마는 당신이 언제 세상에서 가장 불행한 눈빛을 하고 혼자 있고 싶다고 했냐는 듯 지팡이를 경쾌하게 짚으며 나타나셨다. 무언가 자신 안에서 문제 해결을 하고 난 듯한 사람의 눈빛이라고 할까.

일전에 요양보호사님이 돌아가신 자신의 엄마에 대해서 들려준 이야기가 있다.

'해 질 무렵에 혼자 있으면 어머니 말씀이 뼈에 사무치는 거예요. 어머니를 제가 모시고 있었는데 하루 종일 집에 계시던 어머니께서 이런 말씀을 하신 게 기억이 나요. "저 손에 뭐가 들려있나" 하고 들어오는 식구 손만 보이더라는 말씀인데 그때는 그게 무슨 뜻이었는지 몰랐어요. 지금 제가 남편도 나가고, 아이들도 나간 빈집에 있을 때면 내가 왜 그때 과자 한 봉지, 사탕 한 봉지를 사 들고 들어가지 못했을까 후회가 돼요. 그땐 아이들도 키우고 일도 해야 해서 일이 끝나면 부지런히 집에 가는 것밖에 몰랐거든요.'

그 이야기 속에서 나는 무의식적으로 뼈에 사무칠 일을 만들면 안 되지, 하고 결심했던 것 같다. 빠듯한 시간 속에서 틈을 내어 엄마에게 갈 때면 내 손가락엔 주렁주렁 비닐봉지가 걸려 있었고, 한꺼번에 여러 가지의 음식을 하느라 엄마의 부엌을 마음대로 썼다. 부엌의 주인은 엄마인데 말이다. 엄마의 부엌을 쓰는 내내 엄마는 내 뒷모습만 바라보고 계셨다. 엄마가 원하는 것이 무엇인지도 모른 채 시간이 흐르고 나면 나는 벗어놓은 신발이 있는 현관으로 종종걸음을 쳤다.

이제라도 나는 엄마를 개별적이고 독립적인 존재로 느껴야 한다. 나의 엄마가 아닌 한 사람으로서.

'그렇지만 엄마 쉽지 않은 게 사실이에요. 오십 년 동안 엄마는 내 엄마였잖아요. 갑자기 엄마가 아닌 한 사람으로 대한다는 게 쉽지가 않아요. 그래서 오늘 엄마의 별명을 지었어요. 우아한 고슴도치. "가까이 오진 마세요. 찔려요.", "그러나 내 이야기 들어 보라니까요." 엄마가 그렇게 말하는 것 같았어요. 몰랐던 진실을 깨달았을 때 저는 앞으로 이렇게 표현할 거예요. 고슴도치의 속살을 봤다고. 고슴도치의 속살을 대하고 나면 가시에 찔릴 때보다 더 더 더 아프답니다. 그래도 아파야 한다면 뜻대로 하세요.'

엄마가 문제다

엄마와 나 ②

엄마가 문제다, 라고 생각했었다. 영화 〈셰이프 오브 워터〉를 보기 전까지는.

아이들은 자라서 이제 시키지 않아도 자신들의 일을 척척 알아서 하는데 나이 든 엄마가 이제는 가정 내 균형을 깨뜨리고 있다고 생각했었다. 〈셰이프 오브 워터〉를 보기 전까지는.

나는 이제야 알았다.

엄마는, 매 순간 죽음을 두려워하고, 자신의 상실되어 가는 기억력에 움츠러들며 마침내 더 이상 자신 스스로 생활이 불가능해질 순간이 오리라는 것을 예감하며 떨고 있었던 것이다. 언어로 표현할 수 없는 감정, 한 번도 경험해 보지 못한 무력함이 물밀듯이 쳐들어오는데 손을 쓸 수 없이 허우적대고 있다는 것을 나는 알지 못했다.

나조차도 갱년기로 오는 여러 가지 몸의 변화에 악 소리도 내지 못하고 정신없었던 게 문제다. 나도 이런 몸의 변화에 좀처럼 익숙해질 수 없었으니까. 공포.

공포에 가까운 노화를 우리는 어떻게 견뎌낼 수 있을까? 엄마와 나는 거의 같은 고민을 각자의 방에서 해결해야 하는 것일까? 그런 방법밖에 없는 걸까?

〈셰이프 오브 워터〉를 보기 전까지는 이런 문제의식조차 없었다. 이것을 영화의 힘이라고 하겠지.

영화 속 주인공의 절규가 며칠을 따라다닌다. 아무것도 하지 않으면 인간이 아니라는 대사. 그녀는 사랑하는 대상을 위해 달걀을 삶고, 함께 들을 음악을 선곡하고, 마침내 죽음으로부터 구한다. 그리고 행복해한다.

이런 영화적 결말을 사랑하고 동경하는 내가 현실에서 아무것도 안 하고 있다는 자각.

요양보호사로 매일 죽음에 대해 생각하는 내가 엄마의 시간이 줄어들고 있는 걸 인정하려 들지 않았고 오히려 화를 내고 있었다. 왜 아프냐고, 왜 예전과 같지 않느냐고.

나는 영원히 엄마의 딸로 살려고만 했다. 엄마에게 여기저기를 가리키며 아프다고 투정을 부리고 싶었다.

생각을 해야지, 생각을. 들어봐. 어떻게 하면 엄마와 새로운 관계를 맺을 수 있을지.

생각해 보면 간단하다. 〈셰이프 오브 워터〉의 엘라이자처럼 무엇이든 해야 한다. 나는 용기를 내야 한다.

번역원고 마감일을 지키려고 밤을 새우고, 일정을 조정하고, 모르는 단어가 생기면 사방으로 모색해서 기어이 알아내고야 마는 것처럼. 엄마의 목소리에 귀를 기울여야 한다. 사랑의 표현을 감추거나 부끄러워하지 말아야 한다.

'엄마, 제가 있잖아요. 큰소리 내서 미안해요, 저도 엄마처럼 두려웠던 것뿐이에요. 엄마에게 좋은 모습 보여주고 싶었는데 그 약속을 지키기도 전에 이별을 할까 봐 무서워요. 사랑해요. 대신 아플 수는 없지만, 조금이라도 엄마가 안심하고 이런저런 상념에서 자유로울 수 있도록 곁에 있을게요. 제 손을 놓지 마세요.'

엄마의 자리

엄마와 나 ③

혼자 사는 여자는 자신의 짐을 타인에게 맡기지 않는다. 나는 그렇다. 하물며 자신의 전부가 들어 있는 가방은 더욱 맡기지 않는다.

엄마 또한 젊으셨을 때 자신의 서류가방을 잘 맡기지 않으셨던 걸로 기억한다. 그런데 언제부턴가 엄마는 손바닥만 한 가방을 무겁다며 맡긴다. 때로는 지팡이조차 무겁다며 맡기시고. 이런 모습을 보면서 이렇게 어리광이 많은 여자가 혼자서 아이 둘을 책임지며 인생이라는 거대한 강을 어떻게 건너셨을까? 힘드셨겠지. 주저앉아서 울고 싶으셨겠지. 미루어 짐작해 본다.

오늘은 엄마와 오래간만에 긴 시간 웃으면서 함께 했다. 엄마는 나의 글을 읽으셨다. 그리고 며칠 생각하는 눈치셨다. 지루하고 긴 겨울이었다.

엄마와 외출을 하기로 했다. 조카손자가 초록이모라 이름 지은 초록이모와 초록이모의 어머니와 점심 약속을 잡았다. 여행이 그렇듯 어린이와 노인과의 약속은 예상대로 이루어지지 않는 법이다.

식당 주소를 공유했으나 내비게이션 작동이 서툰 노인이 모는 택시를 타는 건 계획에 없었다. 여기가 거기라고 엉뚱한 곳에 내려주고 위풍당당하게 가버린 택시 덕분에 초록이모와 그녀의 어머니는 낯선 동네를 마냥 걸어야 했다. 나의 가슴은 그녀들을 따라 걷고 있었다. 허리가 끊어질 듯 아팠고, 숨이 찼고, 땀이 등줄기를 타고 흘러내렸다. 아무 곳이나 자리만 있으면 앉고 싶겠지.

노인들이 운영하는 오래된 식당에 들어서자 먼저 와서 기다리던 엄마가 반갑게 나온다. 초록이모의 어머니와 처음 만나는 자리여서 엄마의 얼굴은 약간 상기되어 보였다.

언제부턴가 엄마와 외출을 할 때면 손자와 외출을 할 때처럼 물을 챙기고 간식을 챙긴다. 당이 갑자기 떨어졌을 때를 대비해서. 누군가 처음 만나는 자리에는 깨끗하게 씻고, 좋은 옷 매무새를 해야 하는 엄마는 아침부터 목욕을 하시고 식사도 대충 하셨다.

나의 마음은 바빴다. 다리 아픈 분께 어서 자리를 만들어 드려야 하고, 당이 떨어질 때쯤 된 엄마에게도 무언가 빨리 먹을 것을 드시게 해야 하는 상황인 것이다.

약속 장소에 오기 전부터 이미 피로한 얼굴을 읽으셨을까. 굽은 등을 하고 음식을 나르시던 노인이 물수건을 넣어두는 아이스박스를 들고 온다.

어서 빨리 앉고 싶지만 빨리 앉을 수가 없는 초록이모의 어머니 얼굴을 누구보다 빨리 읽은 것이다. 좌식이 편하기는 해도 아픈 다리로는 앉고 서기에 버겁다는 것을 왜 나는 간과했을까. 의자가 필요할 때 아이스박스가 의자가 되어 주는 상황을 바라보면서 나는 감동했다. 다리가 아파보지 않았다면 모를 이런 지혜를 나는 마음속으로 샀다. 아픈 관절을 갑자기 구부려 앉기보다는 의자에 앉았다가 서서히 방바닥에 앉으면 충격을 줄일 수 있다는 지혜를 앞으로 두고두고 활용하리라(그렇지만 신발을 벗지 않는 식당, 화장실이 편한 식당을 어머니의 눈높이에서 섭외했어야 했다, 나는).

식당 화장실이 불편한 것과 신발을 벗어야 하는 것을 제외하면 그곳은 딱 노인만을 위한 공간이다.

느리게 돌아가는 시간. 기다리는 사람이 없어서 빨리 밥을 먹어야 할 필요도 없고, 고기만 주문해도 온갖 먹거리가 줄줄이 등장하는 풍요로운 밥상이 준비되는 곳. 식혜를 마시며 떡을 먹고 있는 동안 고기가 나오고 밥을 시키면 오랜 시간 푹 삶은 배추된장국이 딸려 나오고 마지막엔 비빔냉면이 마침표를 찍어준다. 이 모든 것이 고기 4인분 가격에 포함되어 있다.

전쟁을 겪은 엄마는 이런 식의 상차림을 선호한다. 늘 미래를 위해 아껴야 하고 결여되어 있다는 인상을 받는 엄마의 사고방식에는 어릴 적 겪은 전쟁이 무관하지 않다는 것. 7남매 중 맏딸이었다는 것도 크게 작용한다. 그러니까 식사를 하면서 대략 지불할 돈을 가늠할 수 있고, 그냥 한 상 가득 차려져야만 그 자리가 즐거워 보인다.

그래서 봄날의 나들이가 어떻게 흘러갔는가 하면, 마음속 불편한 감정들을 실어 딸인 내 흉을 보시고 나는 그런 엄마의 불평에 꿈쩍도 않고 고기를 굽고, 초록이모는 겨울 동안 우울하고 외롭던 엄마의 이야기를 무한한 애정을 갖고 들어주셨으며 초록이모의 어머니는 자꾸만 껄껄 웃으시는 형국이었다(아마도 딸 앞에서 딸 흉을 보시는 엄마의 모습에 놀라신 듯하다).

엄마는 엄마의 이야기를 해야 하는데, 자꾸 자식 이야기만 한다. 당신이 얼마나 자식들 때문에 힘이 들었는지를 말씀하시는 거다. 그런 엄마의 모습을 웃으며 바라보다가 내 귓가의 주름 사이로 눈물이 번진다. 내가 나를 욕하지 못하니 당신이 대신 그렇게 욕해주오, 하는 심정이 되었다.

왤까, 평소 같으면 처음 만나는 지인 어머니 앞에서 딸 흉을 보는 엄마가 미워야 할 텐데 옳소, 옳소 하고 고개를 끄덕이면서 듣고 있으니 말이다. 네 명이 나누어 마신 막걸리 때문일까, 낮에 마신 술이 돌아서 너그러워진 기분일까.

집으로 돌아오면서 엄마와 나의 무의식은 서로 연결이 되어 있는 게 아닐까 하고 생각했다.

엄마가 자식에게 미안하다고, 고맙다고 하는 법이 없었던 오래전 호랑이 담배 피우던 시절의 멋을 선호하는 엄마는 딸을 흉보면서 자신을 비웃고, 나는 말씀은 그렇게 해도 나에게 감사의 말을 대신해서 욕을 섞어가며 할 수밖에 없다는 엄마의 심정을 알고, 말이다.

엄마의 자리, 생각보다 어려운 자리 맞다.

우리는
어머니 절반도 못 따라간다

엄마와 나 ④

꿈하루 님께

오늘은 치매 어르신의 반복되는 부정적인 말에 그만 버럭 화를 내고 돌아와서 내내 마음이 불편하기만 합니다.

우리 집 화장실 청소를 박박, 구석구석 닦아도, 화초에 물을 주고, 주방을 윤이 나도록 닦아도 기분이 전혀 나아지지 않고, 오히려 내가 너무 미워서 버둥거리고만 있지요. 갑자기 이 일에 적합하지 않다는 생각이 들면서 미래가 암흑 속으로 빠져드는 밤 이렇게 몇 자 적습니다.

요양보호사라는 직업은 매 순간 자신의 도덕성과 윤리의식을 시험받는 일인 것 같아요. 이 일을 견디어 낸다면 마음의 근육이 더 단단해지리라 억지로 마음을 세웁니다.

지난여름을 추억하며 사진을 보내드립니다.

어머니 댁을 방문했을 때 가지고 가서 즐거운 추억을 속닥이다 오려고 했는데, 그만 기회를 놓쳐버렸네요. 거동도 불편하신데 손님을 위해 장을 보시고 부엌에서 요리까지 해주시다니 뭐라고 감사의 말을 드려야 할지 모르겠습니다.

우리는 모두 어머니의 절반도 못 따라가겠지요?

오늘 밤은 피곤해도 좀처럼 잠이 오지 않을 것 같습니다.

- 눈 온 뒤 쨍하고 추운 어느 날. 이은주 드림

쉬는 날
단톡으로 받는 부고

#부고

2017년 5월 21일 오전 3시. 어르신께서 향년 76세를 일기로 별세하셨습니다. 형편상 빈소는 준비하지 않았고 발인은 월요일로 예상하고 있습니다. 삼가 고인의 명복을 빕니다.

    쉬는 날 '단톡(카카오톡 그룹멤버 서비스)'으로 사고무친의 뮤즈가 영면했다는 소식을 들었다. 병원 응급차에 뮤즈를 실려 보내던 새벽에 나는 그녀와 다시 재회하지 못 하리라는 예감을 뒤로한 채 문단속을 했다.
  그녀에게는 딸이 하나 있었다. 처음엔 딸인 줄 알았다. 딸은 근무지에서 밤늦게 퇴근하는 길에 엄마를 뵈러 요양원에 들렀다. 하루 일과를 마친 요양원의 밤은 일찍 찾아온다. 면회 시간이 끝난 후에 딸은 엄마가 드실 만한 죽을 사들고 찾아왔다.

한참 시간이 지난 후에 동료에게 들은 내용을 종합하면, 딸은 사고무친인 뮤즈의 첫 번째 요양보호사였다고 한다. 당신을 돌보는 손길이 지극해서 뮤즈는 그녀에게 이렇게 말했다.

"내 딸이 되어줄래? 그리고 이건 내 통장인데 맡아두었다가 내가 먹고 싶은 것이 있거나 내가 필요한 것이 있으면 귀찮겠지만 사다 주겠니?"

요양보호사는 마침 자신의 엄마도 투병 중이어서 뮤즈의 부탁을 거절하지 못하고 딸이 되기로 했다. 아프고 가난한 사람들 눈에만 보이는 연대가 생긴 것이다.

병세가 악화하자 요양원에서는 병원으로 모시라고 권했고, 딸은 얼마 남지 않은 그녀의 삶을 병원이 아닌 자신의 집 근처 요양원으로 모셨다. 그렇게 그들은 가족이 된 것이다.

그날 밤 뮤즈의 고통은 이만저만한 것이 아니었나 보다. 딸에게 연락하라는 대신 뮤즈는 119를 불러 달라고 청하셨다. 나는 딸의 전화번호를 비상연락망에서 찾았으나 딸은 나처럼 밤 근무 중인지 부재중이었다. 딸에게 문자를 보낸 후 뮤즈의 진료기록이 있는 병원으로 전화를 했다.

119를 불러 달라던 주에 뮤즈의 항문은 늘 열려 있었고, 하루 대여섯 번씩 검은 것이 흘러나왔다. 근무표를 살펴보던 나는 어쩌면 그녀를 마지막으로 돌볼 요양보호사가 내가 될지도 모르겠다는 생각에 기저귀 가는 일이 애틋해졌다.

그날 밤 나는 작별 인사를 했던가. 그녀가 체념하듯 고개를 돌리고 있을 때 기저귀 갈 던 내 손끝은 따뜻하고 배려로 가득 찼던가.

어디에도 정답은 없다. 다음 뮤즈를 떠나보낼 때는 좀 더 정중하고 신속하며 사려 깊을 수 있어야 한다고 다짐한다. 나의 뮤즈들은 나와 같은 길을 걷는 길동무여야 하니까.

나는 죽음의식이 아프리카의 어느 원주민처럼 '오늘은 기쁜 날'이 되어야 한다고 믿는다. 죽음이 축제 같았으면 좋겠다.

애도의
시간

오늘 가스레인지에 낡은 프라이팬을 놓고 뮤즈가 남긴 사진 석 장을 태웠다.

보호자가 없어서 쓸쓸하게 떠나간 뮤즈의 옷가지를 정리하면서 뮤즈의 흰 속치마를 챙겼다. 그녀가 이십 년쯤 입었을 낡은 속치마를 왜 챙겨온 걸까. 모르겠다. 이반 데니소비치의 하루에서 나오는 소시민처럼 그저 난 속치마 하나를 고인의 옷가지에서 취했을 뿐. 그녀가 그 속치마를 차려입고 세례를 받았을지, 슈퍼에 가서 장을 봐왔을지 나는 모른다.

요양원에서 그녀의 침대며 사물함을 정리하는 동안 버릴 것과 남길 것을 구분하며 박스에 담고 리스트를 작성했다. 요양원에는 가족이 아무도 없는 뮤즈가 두 분 있다. 요양원에 입소할 때 가지고 온 옷 이외에는 여벌 옷이 없기에 그녀들을 위해 바지는 남겨두기로 한다. 때때로 바지를 갈아입혀 드려야 할 일이 생긴다. 잠결에 기저귀를 벗어버린다든지, 당신이 더럽힌 바지를 닦으려고 하다 적신다든지, 바지가 없어졌다고 하루종일 서랍의 옷들을 뒤적이며 속상해할 때 요양보호사는 적절하게 대처해야 한다. 양말 같은 경우는 발이 부어서 수면 양말처럼 발목을 조이지 않는 것이 필요할 때도 있고 짝짝이 양말을 바꾸어드리는 것도 우리들의 일이다.

그런 짐 정리를 하는 동안 뮤즈가 남겨놓고 간 사진 석 장에 무심코 감정이 머물렀다.

'어떻게 하지?'

자신에게 묻는다. 그냥 버릴 수 없다. 버리고 싶지 않다. 나는 아직 내가 간병한 뮤즈와 이별할 준비조차 안 되어 있다.

앞치마 주머니에 뮤즈의 사진 석장을 챙긴다. 한 장은 연인으로 보이는 분과의 순간이 담겨 있었고, 또 한 장은 세례를 받는 사진이었으며 나머지 한 장은 젊었을 때의 독사진이었다.

나는 이제는 낡아서 더는 쓸 수 없는 프라이팬을 꺼내놓고 좁은 아파트 부엌에서 사진을 태운다. 사진을 태우면서 내가 가면 남겨질 앨범과 책들 생각에 누군가 고생 좀 하겠는 걸 하고 입맛을 다셨다. 뮤즈와 나의 짧은 인연이 프라이팬에서 3분

만에 산화하는 것을 바라보다 늦은 아침을 먹었다.

아파트에 버려진 의자를 들고 언덕에 올라 해 지는 풍경을 본 적이 있었는데 사회복지사 실습생이 오면 앉을 의자가 부족해서 그 의자를 들고 20분 거리를 쉬엄쉬엄 40분 걸려 야근 출근을 했다. 야근 출근하기 전에 보았던 하늘을 배경으로 바람에 흔들리던 나뭇가지의 유희가 눈앞에 아른거리자 떠나간 뮤즈에 대한 생각으로 골몰해 있는 나를 깨닫는다.

요양원에서는 밤사이 응급실에 실려 간 뮤즈에 대해서 말을 삼간다. 함께 어울리던 뮤즈와 제우스가 동요하기 때문이다. 그럼에도 불구하고 나는 죽음이 이렇게 가까이 있는데, 어제 함께 생활하던 뮤즈가 오늘 이 자리에 없는데, 마치 아무 일도 없었던 것처럼 일상이 흘러가는 것에 대해 반대한다.

정말 아주 작은 한쪽 벽만이라도 내주어서 그곳에 함께했던 뮤즈의 사진 한 장 걸어두고, 꽃 한 송이, 물 한 잔, 초 하나만이라도 놓아두자.

사경을 헤매는 뮤즈와 하나가 되어 보냈던 낮과 밤을 잊은 듯이 새롭게 맞은 새싹(신입)뮤즈를 관찰하고 보고서를 쓰는 업무를 잠시 내려놓고 애도의 시간을 가질 수는 없을까?

적게는 한두 달, 길게는 365일 함께한 뮤즈를 떠나보내면서 함께 죽음의 순간에 대해 이야기하고 죽음을 맡기 전에 이러저러 한 삶의 정리를 해나가도록 도울 수는 없을까?

내가 죽으면 바로 이 자리에서 나에 대한 애도의 시간을 갖는구나, 나에 대해서 기억해주는구나 하고 미래에 있을 죽음으로부터 담담하게 거리를 두고 생각할 시간이 있다면 얼마나 좋을까.

나무에 잎이 자라고 꽃이 피고 열매를 맺고 낙엽이 지고 겨울이 오듯이 사람의 일생 또한 이렇게 나무와 같으니 너무 애절하게 슬퍼할 것 없다고 자신을 다독일 애도의 시간이 나는 필요하다.

신 가족 제도가
필요하다

"몸은 어떠니?"

인형의집(연극무대에서 인형을 만드는 일을 한다) 언니라고 부르는 그녀가 안부를 묻는다.

"낮잠 자고 야근 나왔더니 좀 가벼워졌어요. 더운데 그만 일하라며 할머니들이 자꾸만 쉬래요."

정부지원금으로 사는 독신 뮤즈는 기저귀를 갈아드리고 허리를 두드리자, 가까이 오라 손짓을 하셔서 다가갔더니 입에 사탕을 쏙 넣어준다.

'뮤즈여, 그대는 화장실 다녀오시고 손 안 닦았잖아요!' 하고 외칠 뻔 했지만, 용케 그 말을 꿀꺽 삼키고 우물우물.

인형의집 언니에게 그동안에 일어났던 일들을 계속 종알댄다.

"혈액암으로 돌아가신 분이 계세요."

그녀가 입원하러 병원으로 떠나고 나서 야근을 할 때였어요. 전무슨 이유에서인지 그녀의 침대에 잠시 누웠다가 깜박 잠이 들었는데 바로 가위에 눌려서 깼어요. 무시무시한 느낌 속에 몸이 말을 안 들어 일어나지 못했지요. 몇 분이 흘렀을 거예요. 가위 눌려서 깨어난 후, 아, 가시려는가 싶었죠. 이틀 후 부음 소식을 받고 감정을 어떻게 처리해야 할지 몰랐어요. 모시던 뮤즈가 연이어 하늘나라에 가시다니, 받아들이기가 힘들었지요. 갈팡질팡하다 〈풀몬티〉 감독으로 유명한 우베르토 파솔리니의 〈스틸라이프〉를 보고 마음을 고쳤어요. 이 영화는 고독사에 관한 영화라고만 알면 조금 멋없어요. "저희 기관은 고독사 하신 분들의 지인을 찾아 장례식에 초대하고 있습니다."라고 존 메이는 수화기에 대고 말하지요. 그는 홀로 죽음을 맞이한 사람들의 장례를 치르고, 지인들을 찾아 초대하는 직업을 가졌어요. 존 메이의 상관은 그에게 해고 통보를 하면서 이런 말을 하지요. "부임한 이후 당신을 지켜봤는데 꼼꼼한데 일처리가 늦더군요. 화장대신 장례를 해서 낭비한 비용도 많고 예산문제로 메이 씨를 해고하기로 했습니다."라고.

구청 소속 22년차 공무원인 존 메이가 잊힌 의뢰인의 유품을 단서 삼아 아무도 듣지 못할 추도문을 작성하는 것을 보는 동안 이상하게도 위로를 받는 기분이 들었어요.

인형의집 언니는 내 길고 긴 톡을 다 읽고 이렇게 조언한다.
"거리를 두세요. 거기 계신 어르신들과 거리두기 필요한 거 너도 알지?"
"걱정해줘서 고마워요. 언니."
"뭐여?! 니 몸이 내 몸인디."

맞다. 우리는 한 몸이다. 나이가 팔구십이 넘어서 가족이 없을 확률은 99%다. 결혼을 하지 않은 채 아흔의 나이를 먹은 나를 떠올리면 언니와 나는 서로의 가족이 되어야 한다.
오늘 그런 생각이 들었다. 나 홀로인 사람들이 가족이 되어 병원에서 수술할 일이 생기면 서로 보호자가 되어주는 제도. 결혼제도처럼 신 가족 제도가 필요하다.

뮤즈들은
인형 쟁탈전 중

죽조차 넘기기 힘들어하는 뮤즈가 안타까웠다. 업무 회의를 통해 완전식에 가까운 '뉴케어'를 보호자에게 주문하기로 했다. 주문한 뉴케어가 오기 전에 이웃 뮤즈의 뉴케어를 다섯 캔 빌리기로 했다. 그러나 잘 먹지 못한다. 고민하다가 물약을 먹을 때 쓰는 눈금이 있는 주둥이가 긴 물약 통에 옮겨 담아 드리자 조금씩 입맛을 다시며 드셨다.

어떻게든 기운을 차리게 해드리고 싶었다. 할 수 있는 모든 방법을 다 써보는 수밖에. 거실에서 뮤즈들과 함께 티브이를 보지 못하고 침대에 누워계셔야 하는 뮤즈의 손을 잡고 오래오래 곁에 있고 싶었으나 아홉 명의 뮤즈와 제우스가 나의 손길을 필요로 하고 있기에 그럴 수가 없었다. 그래서 생각해 낸 것이 오리인형을 선물하는 것이었다.

3년 동안 치매를 앓다가 내 품에서 죽을 드시다가 숨을 거둔 할머니 또한 어버이날 이모가 선물한 꼬마 인형을 가지고 늘 소꿉놀이를 했다. 눕히면 눈이 감기고 앉히면 눈이 떠지는 앙중맞은 곱슬머리의 인형을 할머니는 아기를 돌보듯 손바닥에 앉히고 '어화둥둥' 어르기도 하고 인형 옷을 벗겨서 개키기도 하고 재우기도 하며 소일했다.

한번은 낮잠에서 깨고 큰 목소리로 곁에 누워있던 인형을 번쩍 들어 올리며 한없이 측은한 표정으로 '가~엾어라.'라고 외쳐서 이모와 나는 깔깔대며 할머니 흉내를 냈던 즐거운 기억이 있다.

비 오는 수요일 오리인형을 들고 갔다. 그리고 뮤즈의 침대 곁에 놓아드렸다. 함께 방을 쓰는 뮤즈98이 오리인형을 탐내는 줄도 모른 채.

비번으로 쉬고 출근해서 보니 거실 소파에 앉은 뮤즈98의 옆자리에 오리가 앉아 있었다.

그 오리는 결국엔 뮤즈98의 오리가 되었다.

나의 뮤즈들은
잠들었다

뮤즈들의 잠자리를 살펴보다가 창밖에서 들어오는 가로등 불빛으로 인해 이마가 유난히도 넓어 보이는 뮤즈 앞에 선다.

나의 동료인 요양보호사는 초저녁부터 열이 나기 시작한 뮤즈의 양쪽 겨드랑이에 수건으로 돌돌 만 아이스 팩을 끼워드리고 갔다. 욕창방지용 에어매트 위에 누운 뮤즈의 야윈 팔다리는 우주를 떠다니는 우주인 같아서 나도 모르게 고개를 갸우뚱한다.

뮤즈의 머리맡에서 나는 주술사가 된다.

'부디 그리스로마 신화에 나오는 꽃으로 피어나세요.'

그녀의 넓은 이마에 손을 얹고 허리를 구부려 주문을 속삭인다.

'다음에는 부디 제비꽃으로 아니 은방울꽃, 안개꽃, 해바라

기로 피어나세요.'

뮤즈의 체온은 간신히 37도로 내린다.

아홉 시 뉴스를 거실에서 보던 또 다른 뮤즈가 자신의 다리를 펵펵 소리가 나게 두드린다.

'비는 오지요. 대기 중의 기압은 내려가서 뼈에 착착 감겨들지요.'

그녀의 고통이 내 귓가에 칼날처럼 날아든다.

나는 짧은 여행을 나서기로 결심한다. 이미 잠자리에 든 뮤즈들도 눈만 감고 있을 뿐 크고 작은 통증에 이리저리 고쳐 눕고 계실 게 빤하기 때문이다. 호별 방문을 위한 짧은 여행을 나서며 일회용 비닐장갑을 낀다. 멘소래담과 안티푸라민을 챙긴다.

내가 오기를 매일 저녁 기다린다는 뮤즈의 다리를 주무르며 침대에 걸터앉는다. 그녀의 다리가 퉁퉁 부어 있다. 부드럽게 다리를 마사지해드린다.

"으음. 고. 마. 워."

선잠에서 깬 뮤즈가 실눈을 뜨고 인사를 한다.

"근데 여기도 좀 발라줘."

그녀의 주문에 답하고 차례차례 뮤즈들을 방문하고 돌아오는데 맨 먼저 거실에서 약을 발라 드렸던 좌측 편마비로 고생하는 뮤즈가 불러 세운다.

이번엔 다른 곳이 아프다며 상의를 걷어 올린다. 어깨와 등을 타고 내려와 마침내는 그녀의 발목까지 따라다니는 통증.

어쩌면 죽기 전까지 따라다닐 통증을 단 한 순간만이라도 잊을 수 있다면 그녀의 잠자리가 조금은 가벼워지겠지. 이런 생각을 하며 곳곳에 멘소래담을 발라 드린다.

멘소래담은 뮤즈들의 애용품이다. 효능을 읽어보면 타박상, 근육통, 관절통, 요통, 어깨결림, 신경통, 류마티스 통증, 벌레 물린 데까지 쓰임이 있는 진통, 소염제다. 통증을 잊을 정도로 따가운 약 기운에 그녀는 얕은 잠이 설핏 들 것이다.

없는 걱정도 만들어서 하는 소심한 나는 문득 엄마의 잠자리가 궁금해진다. 큰조카에게 부지런히 문자를 보낸다.

비가 내리면 무릎 통증을 호소하는 할머니께 얼마나 아픈지 묻지 말고(어차피 괜찮다고 하실 테니까) 티브이 옆에 있는 멘소래담 좀 무릎에 발라 드리라고.

이번에는 내 차례다. 어깨, 허리, 손목, 발목, 울퉁불퉁 셀프

마사지를 하느라고 정신이 없다. 여러 날 음식을 넘기지 못해 안타깝게만 하던 뮤즈의 존재를 잠시 잊고 오직 나만의 통증에 귀 기울였던 몇 분이 흐른다.

　　십자가에 못 박힌 예수처럼 쇄골에 우물이 파인 나의 뮤즈는 이제 잠들어 있다.
　그녀가 아침까지 푹 자기를 소원한다.

얼굴에 땀 대신
눈물 흐르게 한다

 여든여덟의 뮤즈는 더위를 많이 탄다. 더위에 지친 뮤즈를 위해 거실 에어컨을 켜는데 막내 뮤즈가 사람 가르치는 특유의 말투로 "'그냥 선풍기 켜지요?" 한다. 점잖은 체면에 여든여덟의 뮤즈가 자신의 방으로 들어가 버리자 이번엔 막내 뮤즈가 다른 뮤즈에게 "바지 좀 잘 입으세요. 기저귀가 보이잖아요." 하고 얼마 전에 새로 오신 뮤즈에게 말을 건다.

 온종일 변변한 사건 하나 없이 지내기에 심심한 거다. 게다가 단기 치매라 방금 자신이 한 말을 잊고 같은 말을 수없이 되풀이한다.

 장마가 지고 덥고 축축한 날이 계속되자 잠자코 듣고만 있던 뮤즈가 막내 뮤즈를 상대로 말다툼을 하기 시작하면 다른 뮤즈들도 동요하며 화를 내기 시작하는데 거실이 들썩들썩한다.

 요양보호사가 이에 감염되거나 엮이면 그때는 뭐 상상할 수도 없는 큰 장이 서게 되는 날.

나는 막내 뮤즈에게로 가서 손을 내민다. 이때 내미는 손짓은 가능한 왈츠 파트너에게 손을 내밀듯 우아해야 한다.

한 가정의 안사람 노릇을 하는 요양보호사의 관심을 받은 막내 뮤즈의 얼굴이 즐거운 표정이 된다. 그녀가 내 손 위에 살포시 손을 얹고 미소 지으면, 나는 호텔 서비스를 하듯 "마사지 받을 시간이에요~" 한다.

이렇게 해서 막내 뮤즈가 20분간 물리치료용 발 마사지를 받는 동안 우리는 원하는 만큼의 침묵을 얻고 원하는 만큼의 시원한 바람을 맞는다.

20분간의 침묵을 쟁취하기 위해, 그녀들 뮤즈가 질투하지 않도록, 여덟 명의 뮤즈에게 발마사지를 해드리며 땀 흘리는 나의 이마에 감긴 하얀 머리띠. 방금 막 뜨개를 완성한 여든여덟의 뮤즈가 건넨 것이다.

눈꺼풀이 내려 와 한쪽 눈이 거의 보이지 않는 여든여덟의 뮤즈가 내 얼굴에 땀 대신 눈물 흐르게 한다.

아파,
입 모양 읽기

제우스를 모시는 방에서 고함 소리가 들려 달려간다. 경관식을 드시는 제우스를 먼저 살핀다. 귓가에 눈물이 흘러내리고 있다. 코에 꽂은 호스가 불편해 보인다. 입술은 소보로 빵처럼 터져있다. 들어간 김에 스스로 손 하나 움직일 수 없는 제우스의 체위를 변경해 드린다. 제우스의 입 모양을 처음 읽었던 순간을 기억한다.

그는 '아파'라고 했다. 그날도 혼자 운 듯했다. 눈가가 짓물러 있었다.

"뭘 봐. 이쪽 보지 말고 저쪽 봐."

룸메이트 제우스가 내 등 뒤에서 또 호통을 친다. 모든 요양보호사들이 운신을 못 하는 제우스에게 신경을 많이 쓰자 함께 방을 쓰고 있던 룸메이트 제우스는 질투를 하기 시작했다. 룸메이트 제우스는 힘겨워 보이긴 하지만 혼자 침대 옆에 있는 간이 소변기를 사용할 수 있다. 잔 꽃무늬 이불을 허리에 감고 침대에 앉아 있을 땐 마치 구름 위에 앉아 있는 듯 존재감이 있다. 그런 그가 질투가 나서 호통을 칠 때는 팔뚝에 새겨진 용도 덩달아 호통을 치는 것 같다.

"불 꺼라, 시끄럽다."

나는 룸메이트 제우스에게 다가가 흰옷을 입은 그의 여윈 등을 쓸어드리며 사정을 말씀드린다.

"보고 싶어서 보는 게 아니잖아요. 우측으로 제가 체위변경을 해드려서 그런 건데. 좋아하시는 땅콩 캐러멜도 사다 드렸는데 좀 봐주세요."

룸메이트 제우스가 피식 웃는다. 팔뚝에 있는 용도 덩달아 웃는다.

이윽고 밤이 오고, 낮 동안 켜두었던 형광등이며 텔레비전도 소등한다. 내가 방에서 나가자마자 잔 꽃무늬 이불을 허리에 감은 룸메이트 제우스가 리모컨으로 텔레비전 켜는 소리가 들린다.

제우스의
침묵

'이대로 영원히 잠들어 버렸으면 좋겠어. 저쪽에 이불을 허리에 감은 노인이 자꾸 날 보며 욕을 하는데 참을 수 없구나. 내가 저 사람처럼 혼자 소변을 보고, 앉아서 식사를 할 수만 있다면 좋겠는데…. 왜 자꾸 눈물은 흐르지. 내 손은 아무리 닦으려 해도 닿을 수 없어. 텔레비전 소리 때문에 깊은 잠을 잘 수도 없고, 일어설 수도, 앉을 수도, 그렇다고 저이처럼 고래고래 고함을 칠 수도 없어. 차라리 날 죽게 내버려 두었으면 좋잖아. 여보, 어디 가 있는 거야. 날 이곳에서 데려가 줘. 내가 젊었을 때 당신 속깨나 썩였던 게 이제 와서야 하나둘 생각이 나는 건 너무나 괴롭다. 내가 다시 정신을 잃으면 그땐 절대로 날 다시 깨우지 말았으면 좋겠다. 부탁이야.'

요양원에 처음 입소한 날 제우스는 침묵했다. 무기력

해 보였고 베개 끄트머리로 기울어진 옆얼굴이 젖어 있었다. 눈물을 흘리고 있었던 게 분명했다.

그가 내게 건넨 첫마디는 목소리가 안 나와서 입 모양만으로 '아파'라고 했다.

다음은 '땡큐(마른 입안을 가그린을 묻힌 거즈로 닦여주자)'. 그다음은 '화이팅(기저귀를 갈며 어서 쾌차하셔서 걸어 나가시라며 내가 화이팅을 외치자 따라서)'. '오늘은 빨리 와(야근 마치고 집에 다녀오겠다고 하자 바로 돌아온 답이다)'였다. 입 모양으로만 의사를 전달하다가 차츰 원기가 회복되자 아주 작은 목소리로 자신의 감정을 표현하실 때 묘한 감동이 전해진다.

나는 기저귀 케어를 하면서 가능한 한 많은 말들을 속삭이려고 노력한다. 거실에서 들려오는 텔레비전 소음. 웃음소리. 제우스가 누운 이곳과는 전혀 다른 세상에서 들려오는 소음을 들으며 그가 침대 위에 섬처럼 떠 있다.

기저귀 케어는 누워 있는 뮤즈와 제우스가 하루 중 사람과 소통할 수 있는 유일한 순간이다. 나는 그 기회를 놓치고 싶지 않아 부지런히 손을 움직이며 제우스와 뮤즈의 말동무가 되어준다.

'자네는 내 굳은 몸을 이리 돌리고 저리 돌려서 편안한 자세를 만들어 주려고 애쓰지만, 난 사실 아무것도 느낄 수가 없어. 고맙군. 생면부지의 노인을 이렇게까지 돌봐주다니, 자식에게도 부탁하고 싶지 않은 일을 이름도 모르는 자네에게 맡겨서 미안하네. 너무 애쓰지 말게. 때가 되면 가벼운 몸으로 이곳을 나갈 날 오겠지. 자네 말이 맞아. 어서 기운을 내서 이곳을 걸어 나가고 싶어. 그때까지 내 곁에 있어 주게. 뭐? 퇴근하니까 이틀 후에 만나자고? 적응할 만하니까 또 낯선 이에게 내 몸을 맡겨야 하는 건가. 아, 어찌 되었든 간에 빨리 돌아오게. 날 혼자 내버려 두지 말고. 내가 쳐다만 봐도 죽일 듯이 소리 지르는 저이가 베개라도 집어 던지는 날엔 난 정말 비참한 기분이 들어서 참을 수 없을 것 같으니까.'

청년이
요양원 문턱을 넘어서면

뮤즈25는 1925년생. 한두 해 호적을 늦게 올렸다면 뮤즈25의 연세는 아마 아홉 다섯쯤일 것이다. 그런 그녀에게는 매주 청년이 찾아온다. 할머니의 말동무가 되어준다.

청년이 요양원 문턱을 넘어서면 천장이 낮아지는 느낌이다. 180센티미터가 훌쩍 넘어 보인다. 계피사탕 같은 잔심부름을 하러 나갔다 오기도 한다. 지난번에는 막 저녁식사를 시작하려는데 청년이 왔다. 나는 젊은 사람이 요양원에 있는 할머니를 자주 찾아뵙는 게 대견해서 그날 나의 저녁을 청년에게 양보했다. 할머니가 손주에게 따뜻한 밥상 차려주는 심정으로. 청년이 손사래를 쳤다.

"할머니께서 매일 드시는 밥이 어떤가 볼 겸 들어요. 함께 식사하는 동안 반찬도 올려 드리고."

그가 내 제안대로 그렇게 식사를 마치는 동안 시계는 손자가 머물던 평균시간보다 20분이 더 지나 있었다.

방문대장에 서명을 하는 그에게 내가 묻는다.

"어쩌면 그렇게 할머니께 잘하세요? 저도 할머니가 키워주셨는데 할머니께서 키워주셨나 봐요?"

그가 속눈썹을 깜박이며 반갑다는 듯 내게 묻는다.

"선생님도 할머니께서 키워주셨어요?"

"예, 엄마가 일을 하셔서 저도 할머니 손에서 자랐어요."

"저희 할머니는 처음에는 기저귀 차는 걸 싫어하셨어요. 굉장히 깔끔하시거든요."

"맞아요. 하루 종일 기저귀를 차고 계시면 얼마나 답답하시겠어요. 저희가 기저귀 케어 할 때마다 바셀린도 발라 드리고 로션과 멘소래담 섞어서 등에 발라 드리면 시원해 하셔요."

청년은 갔다.

방문대장을 다 쓴 후 가방에서 한참 뒤적뒤적하다 꺼낸 박카스가 내 책상 위에 위풍당당 놓여 있다.

먼 훗날 내 손자도 요양원에 있는 나를 찾아오면서 할머니를 잘 부탁하려는 마음에 박카스 한 병을 슈퍼에서 살 거다. 야구 모자를 푹 눌러쓰고 장신의 허리를 굽히고 방문대장에 서명을 하고 내 앞에 앉겠지. 떠나기 전 손자가 개구쟁이 미소를 지으며 내 뺨을 쓸어주면 고맙겠다.

우리 둘이 사는구나

"아줌마, 아줌마."

나를 부르는 소리에 자리에서 일어난다.

"아줌마, 변소가 어디요? 내가 오토바이 사고로 눈이 안 보여."

잠결에 나는 키 140센티쯤 되는 뮤즈의 작은 손을 끌어 간이 소변기 손잡이 위에 올려드린다.

"아줌마, 우리 둘이 사나? 우리 둘이 사는구나."

발끝만 바닥에 살짝 닿을 정도인 짧은 다리 주변은 허물이 벗겨지듯 파자마가 똬리를 틀고 있다. 솔방울처럼 작은 손은 간이 소변기의 손잡이를 꽉 부여잡고 있다.

"아줌마, 악수하자."

나는 눈이 보이지 않는 뮤즈가 내민 솔방울 같은 손을 잡고 악수를 한다. 갑자기 솔방울처럼 작은 손이 내 손을 끌어당긴다. 그리고는 입술로 가져간다.

뽀뽀 한 번. 뽀뽀 두 번. 뽀뽀 세 번.
참새가 빵조각을 쪼듯 리듬이 있다.
갑작스러운 반전에 잠이 달아난 내가 서있던 무릎을 굽히고 뮤즈의 눈높이에 맞춘다. 나도 응답의 손등 뽀뽀를 한다.
"아줌마, 우리 둘이 사나? 우리 둘이 사는구나…. 그렇구나…."
뽀뽀를 하던 입술이 곧장 울음을 터뜨리실 것 같다.

'꿈을 꾸셨나요? 가을바람에 쓸쓸함이 느껴지셨군요. 아아, 이 커다란 집에서 당신과 나. 단둘이 산다면 얼마나 외로울까요. 지금 당신은 앞이 안 보이는 캄캄한 세상에서 변소를 찾아 준 저에게 손등 뽀뽀를 하시는군요. 근데 어떻게 하죠? 언젠가 이런 일이 있었던 기분. 데자뷔 현상이 구월 들어 두 번째. 아아, 이 많은 인연, 이 많은 고통 다 맛보아야 삶이 완성되려나 봅니다. 손등의 키스는 존경의 표시라는데 구월의 어느 새벽, 뮤즈의 변소를 찾아주고 받아서인지 까닭 없이 인간의 생존 본능을 묘사한 영화 〈나라야마 부시코〉가 떠오릅니다.'

아이
맛있어

"아이 맛있어."
"이렇게 맛있는 걸 아까워서 어떻게 하나."
"고마워요. 아줌마 감사합니다."
"아, 이런 맛 처음 먹어본다."
"어떻게 아까운지 먹고 나서 괜히 다 먹었다."

업무일지를 쓰던 손이 그만 습관처럼 뮤즈의 긴 독백을 받아 적고 있었다. 그리고는 더는 참고 들을 수가 없어서, 시끄러워서, 게다가 재미있는 전래동화 같은 뮤즈의 가락에 그만 웃음이 나서 하던 일을 멈추고 뮤즈를 안아드리러 갔다.

그때까지 뮤즈는 개울가에 앉아 있는 아이처럼 침대 난간 사이에 다리를 걸치고 있었다. 일명 배고파 치매. 앞을 보지 못하는 그녀는 밥상을 물리자마자 바로 배고파 죽겠다고 한다. 이날도 밥상을 물리고 반 시간쯤 후에 '배고프니 밥 한 그릇 달라'고 노래를 하셨다.

추석 명절에도 일하는 요양보호사들 간식으로 한과가 준비되어 있었다. 뮤즈의 배고파 가락이 구성지고 내일은 추석 명절이니 정해진 메뉴가 아닌 한과 하나를 뮤즈에게 드려도 탈은 안 나시겠지 싶어서 드렸는데 무시무시하게 큰 소리로, 마치 마을 이장님이 동네 사람들에게 알리고픈 내용이 있는 것처럼 고래고래 외치는 것이었다. 근데 듣고 있자니 구성지고 가락도 운율도 다 좋다. 유머까지 있다.

"아아, 맛있어라."

"아이구, 맛있어."

"먹고 나서 아까워."

"아껴먹을걸."

"뒀다가 내일 먹을걸."

종일 서서 일하기에 업무일지를 쓸 때만큼은 좀처럼 일어나고 싶지 않지만, 그대로 있기엔 노랫가락이 너무나 구성졌다.

한번 꼭 안아드리고 와야지.

뮤즈는 너무나 맛있는 한과를 먹어버려서 아쉬운 나

머지 울고 있었다. 단 하나의 한과. 입에서 살살 녹는 한과의 맛이 너무 좋은데 그만 다 먹어버린 슬픔이 눈물이 되어 뮤즈의 뺨을 타고 흘러내리고 있었다. 무심한 나는 믿어지지가 않아서 한과가 그렇게 맛있었나. 우리 엄마도 하나 사다 드릴까 하고 한과 박스를 살폈다.

늘 그렇듯 슬픔은 한발 늦게야 느껴지는 법.

한과 박스의 상표를 살피던 난 슬퍼졌다. 코끝이 찡해졌다. 뮤즈가 한과 한 개를 다 먹어버리고 나서 슬퍼했듯이 난 뮤즈의 젖은 얼굴 앞에서 가슴이 아프다. 한과 하나가 뮤즈의 365일을 말해 주고 있었다. 그러니까 추억의 음식, 일상적이지 않은 특별한 음식과 많이 멀어져 있었던 것이다.

맛이란 이런 거구나. 눈물이 날 정도로, 금방 삼킨 것을 아까워할 정도구나. 미각만큼은 가장 마지막까지 남아 있구나. 그래서 노인과 아이의 집을 방문할 때는 빈손으로 가는 게 아니라고 할머니께서 가르치셨던가.

눈물 나게 아까워했던 뮤즈에게 한과 하나를 손에 쥐여 드리며 오븐 속 패스트리가 꽃을 피우듯 생각의 꽃이 무성하게 피어나고 있었다.

체위변경 할 때
어디가 불편하신가요?

인도의 간디처럼 야윈 제우스가 며칠 입원했다 돌아오셨다. 돌아온 제우스의 몸을 살피자 굽은 등이 체중에 눌려 욕창이 생길 것처럼 붉어 있었다.

출근하면서 제일 먼저 제우스의 등을 살펴본다. 아름다운 제우스의 눈이 나에게 말을 거는 것 같다.

바로 누웠던 자세에서 좌측으로 체위변경을 해드린다. 체위변경을 할 때 제우스가 힘을 주며 뻗대서 내 허리와 어깨에 부담을 주지 않도록 내가 속삭인다. 나에게 몸을 맡길 수 있도록 말이다.

"지금부터 아주 중요한 일을 할 거예요. 등에 상처가 생기면 안 되니까 옆으로 누우실 거예요. 이렇게 누워계시다 불편하시면 언제라도 벨을 누르세요. 오늘 밤 제가 곁에 있을 거니까요. 제가 공부를 많이 해서 의사가 되면 좋겠어요. 그럼 병을 다 낮게 해드릴 텐데…. 좋아요? 괜찮아요?"

"좋. 아."

힘없이 제우스가 대답한다.

팔이 눌리면 혈액순환이 안 되어서 저릴 테니까 팔의 위치를 잘 잡아드려야 한다.

짧은 말이라도 좋다는 표현이 소중하다.

정서적 지지가 필요한 당신

본인이 원하여 요양원에 입소한 상태로 가족과 떨어져 지내는 것에 적응하려고 노력한다. 정서적 지지 필요.

야근 출근하자마자 뮤즈의 건강 기록을 살폈다. 정서적 지지가 필요하다는 글을 읽자 마음이 아팠다.

'그 수많은 불평은, 그녀가 고독했기 때문이었구나. 어제는 바삐 일하는 나를 유난히 따라다녔다. 그런데도 나는 그녀와 마주 앉아 차 한 잔 나눌 여유도 없이 프로그램대로만 행동했다. 마침내 시스템형 요양보호사로 길들여진 건가? 나는…'

이런 생각들을 하며 모두 다 잠든 밤에 거실 복도에 걸레질을 하고 있었다. 등 뒤에서 인기척이 나서 뒤돌아보니 올해 100세가 된 뮤즈가 바이올렛 빛깔 내복을 입은 채 문가에 서 있다.

"아직 밤이에요."

대걸레를 내려놓고 어깨를 가볍게 잡아드린다.

100세의 뮤즈가 미소 지으며 말한다.

"일이 되겠다. 그리 고생을 해. 일을 너무 하지 말고. 저기 뭐가 저렇게 많아?"

거실에 둔 건조대를 말씀하시는 거다.

"구경 한번 해볼까." 하고 방문을 나선다.

방금 정서적 지지라는 글을 읽은지라, 그녀에게도 정서적 지지가 필요하겠지. 함께 긴 복도를 걷는다. 취침 약을 드셨기에 거동은 위험하다. 그녀가 내 팔에 의지한 채 말한다. 내 팔을 토닥이며 말씀한다.

"마음에 드는 사람이 있어. 내 동생 하면 좋겠다."

'절 동생 삼으시게요?' 마음속으로 50년 연상의 언니가 있어도 좋겠다고 생각하는 나.

이윽고 건조대에 도착한 100세 뮤즈는 마치 옷가게의 옷들을 구경하듯이 하나하나 살핀다. 꽃무늬가 프린트 된 옷을 한참 살피다가 마침내 "뭐, 별것도 없네." 하고 당신의 방으로 향

한다. 방에 도착한 뮤즈가 서랍에서 안경을 꺼내 건넨다.

"이것 하나 써. 난 안경이 많아. 이건 내가 쓰고, 니 하나 내 하나."

나는 그녀에게서 안경을 받아든다. 잠시 받아두었다가 내일 돌려드리기.

정년까지 일본 무역회사에서 근무했다는 100세 뮤즈는 지난번에는 자신의 아카가와 지로의 문고판을 빌려주기도 했다.

야간 등만 켜 있는데 그녀가 거울을 보기 시작한다. 대걸레질을 마무리하려고 그녀를 두고 살짝 나오려는데, '잠이 안 와.' 거울 속의 자신을 바라보며 100세의 뮤즈가 혼잣말을 한다.

호두과자로
제우스와 교감하기

언니.

언니가 준 호두과자를 절반 들고 출근했어요. 침대에 종일 누워 계시는 뮤즈와 제우스들의 입안을 잠시 달달하게 만들어 주었죠. 그중 평생 군 생활을 하시고 베트남 참전으로 고엽제 후유증을 앓으시는 기골이 장대한 제우스의 모습을 언니에게 보여드리고 싶었어요. 작은 호두과자를 여러 번 잘게 나누어서 입안에 넣어드리는 동안 제 눈을 한 번도 피하지 않았으며, 그렇게 권해도 드시지 않던 물을 빨대로 몇 모금 드시기까지 했지요.

눈이 안 보이는 뮤즈도 호두과자를 싼 얇은 습자지를 풀면서 즐거워했어요.

투덜이 뮤즈(그녀는 감정 표현이 서툴러서 반갑거나 기쁜 감정마저도 퉁명스럽게 말씀하셔서 늘 상대방을 곤란하게 만드십니다만)

는 "예전에 많이 먹어봤어.", "맛있네.", "집에 어머니 계신다면서 왜 드리지 않고 가져왔나?" 등등. 호두과자 한 알에 알알이 이야기가 쌓였답니다.

길고 지루한 하루 중 간식시간은 뮤즈와 제우스에게는 스토리가 있는 시간이 되지요. 추억도 나오고 개인 취향도 나오고, 말이죠. 언니의 선물을 참 달고 맛있게 여러 사람이 잘 먹었습니다.

- 이은주 드림

밤새
사막을 걸었노라

　　　동료와 나는 전립선암으로 사경을 헤매던 제우스가 눈을 뜨자 걱정스럽게 내려다보고 있었다. 다음 날도 그다음 날도 동료와 나의 신경은 욕창이 생긴 제우스의 빠른 맥박과 가래에서 떠나질 않았다.

　소화기능에 장애가 있는 제우스에게는 항암제와 파킨슨 관련 약이며 가래에 듣는 약이 지나칠 정도로 많아 보였다. 내성이 생겼기에 노인들의 약은 대부분 세게 처방된다고 한다. 코로 경관식을 주입할 경우에는 반드시 소화 여부를 확인하기 위해 호스를 통해 주사기로 위액을 검사한다. 제우스에게는 오늘 한 끼의 경관 투여만 했을 뿐이다.

　업무일지에 쓴다. 소화가 안 되어서 점심엔 경관 투여를 하지 않았고 물과 약만 투여했다고. 저녁에도 낮에 투여한 약이 그대로 남아 있어서 경관은 물론 약도 투여하지 않았으니 2시간에 한 번씩 체크를 해서 저녁을 드리기로 했다는 내용이다.

마지막 기저귀를 가는 동안 정신없이 자고 있던 제우스가 눈을 뜨고 한마디 던진다.

"예뻐. 하고 싶어."

나는 내 귀를 의심한다. '잘못 들었을 거야.'라고. 야근 온 동료에게 업무 전달을 한 후 제우스의 침대 곁에서 동료와 나는 그의 소화기능 장애를 걱정하며 오늘 밤 맥박이 빨라지면서 위급한 상황이 생기지 않기를 바란다. 제우스는 그런 우리의 근심에 답하려는 듯 간신히 눈을 뜨고 이렇게 말한다.

"연애하자. 하고 싶어."

'내가 잘못 들은 게 아니구나.' 피식 웃음이 난다. 동료가 야단을 친다. 웃을 상황이 아닌데, 평소 같으면 나 또한 버럭 화를 냈을 텐데.

이웃 침대 한쪽에 걸터앉아 제우스와 눈을 마주친다.

'할아버지, 금방 죽을 것 같더니 살았네요. 죽을 거니까 약도 안 먹고 경관식도 안 먹는다고 하시더니.'

제우스가 백만 불짜리 미소를 짓는다.

"할아버지, 할머니 언제 돌아가셨어요?" 내가 묻는다.

"얼마 안 되었어."

"에이, 얼마 안 되었는데 그런 말씀을 하세요?" 내가 또 묻는다.

제우스가 또 한 번 웃는다. 살짝 부끄러워 보이기까지 하다.

하하하. 밉지 않고, 화나지 않는다. 오히려 다행이다 싶은 기분. 이런 기분이 드는 게 신기할 뿐이다.

제우스는 오늘 밤도 사막 위의 조난자처럼 생과 사를 오고 갈 것이다. 신기루가 보이고 환청이 들리고 땀에 젖어 추위에 떨 것이다.

물 한 모금 스스로 마실 수 없고, 조금 전까지만 해도 절망하며 죽고 싶어 했던 제우스의 웃는 모습을 뒤로하고 철인 5종 경기를 막 끝낸 듯한 나는 봄바람을 맞으며 두어 정거장을 걷다 버스에 오른다.

'제우스의 홀쭉한 뺨이 웃음으로 더욱 깊게 패 병색이 짙게 보였었지. 그래.'

그런 제우스가 자신의 욕망을 언어로 표현할 수 있었던 순간, 자신의 먼저 간 아내에게 살짝 미안한 기색이 들었던 순간이 있었기에 오늘 밤 제우스는 사막 한가운데서 자신을 기다리는 가족에게로 걸어 나올 것이라고 나는 믿는다.

아들에게, 딸에게 아버지가 아직 살아있어서 너희들은 고아가 아니라고, 너희들 얼굴을 보기 위해 밤새 사막을 걸었노라고.

이국종 교수 강의를
눈물로 보다

아주대 중증외상센터 이국종 교수의 시스템 문제에 대한 강의를 유튜브로 봤다.

시스템 문제는 내가 일하는 요양원에서도 발견하고는 한다.

요즘 누워서 생활하는 와상 어르신을 모시고 있다. 다른 사람의 도움 없이는 생활이 불가능하다. 식사도 코로 주입하는 경관식을 드신다. 코로 들어가던 물이나 경관식이 다 들어간 후 바로 마개를 하지 않으면 안 된다. 혹여 이물질이 폐로 들어가기라도 하면 생명에 지장이 있으니 매 끼니 긴장하고 드려야 한다.

편마비 환자를 욕창이 걸리지 않게 2시간마다 한 번씩 체위 변경을 할 때, 기저귀 케어를 할 때, 하루 종일 밀폐된 상태로 있던 엉덩이에 클린 로션을 바를 때가 나는 제일 기분이 좋다. 그들이 얼마나 개운한 표정을 지으며 편안해 보이는지 알 수 있기 때문이다.

그러나 질 높은 기저귀 케어를 하기 위해서는 화장실 갈 시간도 없을 정도로 뛰어다녀야 한다. 퇴근 시간을 오버하기도 한다. 청결하지 않은 손으로 환자는 자신의 눈을 비비거나 만지기도 하는데 그들의 눈에 인공 눈물을 넣어주고 싶은 것도 나의 바람이다.

누군가 먹여주지 않으면 물조차 마실 수 없어 입이 소보로 빵처럼 터지는 것을 예방하기 위해 입술에 바셀린을 매일 발라주는 것도 내 업무의 일부분이다.

그들은 하루 종일 좁은 침대에 누워 있다. 거실에서 들리는 텔레비전 소리, 사람들 대화와 웃음소리를 들으면 어떤 생각이 들까. 제우스의 고독한 하루는 침상을 벗어날 수 없기에 얼마나 고독할까.

단지 젖은 기저귀를 가는 게 아니라 한 사람 한 사람과 눈을 마주치고 말을 건네며 어디 아픈 곳이 없는지 두루두루 살펴야 하는 것이 내 일이라고 생각한다.

그 모든 소박한 소망을 여덟 시간 안에 요양보호사 혼자 해내야 한다는—물론 오전에 교대자가 오지만 동료와 함께 일할 수 있는 시간은 세 시간에 불과하다—사실. 그렇기 때문에 불만이 있고, 이 일이 싫다는 것은 아니다.

설사를 하고 무의식적으로 그것을 치워야겠다는 생각에 허둥대다가 침대 시트와 벽에 오물을 묻히고 심지어 자신의 손톱 끝까지 더러워져서 의기소침한 분에게 핀잔을 주기보다 '괜찮다'고, '바로 이런 것을 도와주기 위해 제가 있는 것'이라고 안심 시켜 주고 싶다.

진심이 우러나오는 질 높은 서비스가 필요한데, 이를 할 수 있고 없고는 역시 시스템의 문제라고 나는 생각한다. 일손이 턱없이 부족하다.

컴퓨터 입력이 주업무인가요?

컴퓨터 입력사 ①

　우리는 3월부터 있을 배변일지, 수분공급, 체위변경 등과 관련된 건강관리공단의 정기검사를 걱정하던 중이었다.

"나이 지긋한 분들이 대부분인 요양보호사님들의 컴퓨터 작업도 시행착오를 거쳐서 안정적인 궤도에 오르겠지요."라는 나의 말끝에 M 선생님이 웃으며 말했다.

"관리공단에서 나오면 선생님 컴 작업을 검사하면 좋겠네요."

M 선생님은 우리가 얼마나 힘들게 일하면서 컴 작업까지 하는지 모르나 보다. 가까이 보고 있음에도 마치 요양보호사를 관리 감독해야 하는 존재인 양 말하는 투에 살짝 서글퍼진다. 마치 요양보호사가 밥을 적게 주는 게 아닌가, 어르신들께 거칠게 대하지는 않은가 등과 같은 우려가 우리를 대하는 방법인 듯하다. 그러니까 노동자를 길들이는 방법.

나는 좀 삐딱해져 있다. 이렇게 길게 쓰는 걸 보면.

컴퓨터 업무 줄일 수 없을까?

컴퓨터 입력사 ②

투약기록지, 체위변경 등을 관리하는 사이트 '엔젤'에 미리 입력하지 말라는 지시받았으나 야근 시 마지막 기저귀 라운딩 후 경관식 드리기, 방청소, 체온, 혈압재기, 아침식사 수발, 아침 약 드리기로 이어지는 강행군에 컴 입력 시간에 맞게 할 자신이 없어서 피치 못하게 0시 이후 마지막 배뇨작업과 경관식 컴 입력 미리 해 두었습니다.

퇴근 전, 아침 투약 컴 입력 할 수 있도록 노력하겠습니다.

다만, 유감스러운 것은 예측 불허한 어르신들 일상에 유연하게 대처하기 위해서는 아침식사 후 9시 교대 전 시간이 요양보호사들에겐 대단히 중요한 시간이라는 것입니다.

교대 전 밤사이 아프신 어르신의 체온과 혈압 체크를 논할 것이며 그날 이루어질 목욕이며 이미용에 관련된 업무 계획(면도에서 손톱깎이와 같은 사소한 일처리)이 충분히 이루어져야 할 텐데 컴퓨터 앞에서 날밤 새우겠기에 속이 상합니다.

건강관리공단에 민원을 넣든가 해야지 컴퓨터 입력 시간까지 관리한다는 건 요양보호사를 잠재적 죄인 취급하는 것만 같습니다. 아니면 새 일자리가 창출되어야 합니다. 이것은 바로 요양보호사 근무 시 컴퓨터 입력사를 보강하는 것을 추천합니다.

컴퓨터 작업은 누구를 위한 것입니까? 과연 누워 계신 어르신들을 위한 것일까요? 보호자를 위한 것일까요? 노동자인 요양보호사를 위한 것일까요? 단지 관리자의 권한을 위한 것이라면 이것은 난센스입니다.

국민은 컴퓨터 입력시간이 아닌 진심을 원할 것이며 요양보호사 개인이 건강한 신체에 건강한 정신에 더하여 사랑을 실천하고 있다는 자부심 하나 심어줄 수 있는 휴식과 합리적인 노동 분할이 이루어져야 한다는 것입니다.

야근 후 동료에게 업무 전달을 하고 엘리베이터 앞에 섰다. 등 뒤에서 "수고했습니다."라는 굵고 낮은 제우스의 목소리가 들린다. 뒤돌아보자 나와 눈이 마주친 제우스의 입술이 일그러지면서 울음을 터뜨린다.

나는 그에게 다가가서 쪼그려 앉고 눈을 마주친다.

오늘 듣고 싶은 말을 들었다

"왜 우세요?"

걱정스러운 목소리로 내가 묻는다.

주간담당자인 동료가 와서 "지난번에도 우셨어. 고생하셨다면서."라고 일러준다. 제우스의 등을 쓸어주면서 나도 울컥한다.

"제가 고생했다고 우시는 거예요? 고마워요…."

그랬다. 지난밤 나는 고단했다. 밤새 사경을 헤매는 제우스가 있어 그를 살펴야 했다. 감정조절 장애가 있는 제우스의 경우는 밤 동안 요실금 팬티 3번, 기저귀 2번을 교체해야 했다. 물론 뮤즈들도.

경관식 흡인 시 붉은빛이 돌면 위출혈이 있을지 모르니까 경관을 중단하고 보고하라는 지시가 있었다. 새벽에 나는 그렇게 했다. 아침 라운딩 때 누구보다 먼저 제우스의 상태를 봐

주었으면 해서. 게다가 오늘은 주말이라 응급상황 시 대처할 가이드라인이 필요했다. 제우스는 밤새 거의 토하듯이 갈색 가래를 뱉어서 옷을 갈아입혀 드리고 침대 난간과 바닥을 닦아야 했다.

그랬던 밤을 지켜본 제우스가 나대신 감정이 격해져 울고 있는 것이다. 나는 뻐근한 무릎을 펴고 일어나며 주일날이기에 '예배드리러 가서 기도해 드리고 갈게요.'라고 중얼거리며 엘리베이터에 탔다.

비록 감정조절 장애가 있으나, 제우스여! 당신의 눈물이 얼마나 위로가 되는지.

오늘 듣고 싶은 말을 들었다.

나는
요양보호사입니다

건강보험관리공단에서 요양원 평가를 하는 날이었다. 위생 부문에서 신설된 체크 사항이 공지되었다. 층별 개인 냉장고를 보겠다고 미리 알려주어서 냉장고 안의 유효기간을 확인하고 또 확인했다.

막상 당일 우리들을 부끄럽게 만든 건 '꿀'이었다. 보호자가 사 온 꿀의 유효기간이 지나 있었던 것을 모르고 있었다. 7층의 위생 부문은 유효기간이 지난 꿀 때문에 영점을 받았다.

다음 날 영양사는 울었다. 위생 항목은 영양사 관할이기에 7층의 위생 부문이 영점을 받은 것에 분해했다. 공단의 평가를 위해 그녀가 여러 날 밤늦게까지 남아서 식당과 주방의 위생 상태를 점검하고 식품을 점검해 온 것을 알기에 7층의 부주의로 위생 부문에서 점수가 깎여서 미안했고 부끄러웠다. 변명의 여지는 없었다. 거기까지는 부끄럽고 미안한데 영양사는 거기에서 끝나지 않았다. 책임을 추궁했고 전체회의 때 말하겠다며 구조적인 변화까지 운운했다. 그렇게까지 누군가 책임을 져야 한다면 내가 사표를 쓰겠다고 말해버렸다.

그녀의 말속에는 감정이 섞여 있는 듯했다. 불만이 들어 있었다. 정년을 3년 남겨놓고 있는 동료 요양보호사는 미국에 있는 아들의 집 문제로 점심시간을 이용해 은행에 가고 없었다. 영양사는 내가 아닌 그 동료에게 어떤 감정이 있는 듯 말했다.

"어르신 남겨놓고 자리를 비우셨군요. 제가 다 보고 있어요."

어르신 보호자가 식사 수발을 도우러 와서 7층에서 잠시 자리를 비운다고 양해를 구하고, 내가 대신 식사 후 잔반이 든 식당카를 가지고 내려왔다고 설명했는데도 준비했다는 듯이 말을 쏟아낸다.

"제가 다 보고 있어요."

지난번 물리치료사가 컴퓨터 작업을 못 하는 요양보호사를 언급하며 마치 우리가 관리 대상인 듯한 인상을 주었듯이 영양사의 말 또한 상처가 되었다. 요양보호사를 잠재적 죄인처럼 대하는 말이 아닌가?

그렇지 않아도 매일 뮤즈와 제우스에 대한 나의 서비스나 행동방식에 대해 자기검열을 하며 '죄의식'으로 늘 긴장되어 있다. 그런데 내 주변은 모두 나를 감시하고 있는 사람들뿐인 건가. 간호사, 영양사, 물리치료사, 사회복지사까지? 나는 그들을 동료라고 생각했는데 여기에도 계급이 있어야 하는가?

나는 점심시간을 이용해 은행에 가고 없는 동료의 근무 이탈을 들춰내는 영양사에게 묘한 안타까움을 느꼈다.

그녀는 공단에서 평가를 나온 날 저녁식사를 평상시보다 40분 늦게 주고서도 미안하다는 말이 없었다. 오늘은 평가 때문에 어르신들 식사가 피치 못하게 늦어질 거라고 미리 언질도 주지 않았다. 나는 혼자서 식사를 기다리는 뮤즈와 제우스의 얼굴을 40분간이나 멀뚱멀뚱 바라보고 있어야만 했고, 늦은 식사 덕분에 분노조절장애를 가진 제우스는 식사 후 작은 트러블로 의자를 번쩍번쩍 들고 으르렁댔고 마침내 나의 팔뚝을 강제로 붙잡다가 작은 손톱자국을 남겼다. 늦어진 저녁식사 덕분에 나의 퇴근시간은 40분 연장되었다.

영양사의 입장에서 보면 평가를 대비하여 여러 날 강행군한 자신과 평가 당일 한 시간 기다려야 했던 많은 어르신들과의 입장이 같을 수는 없었을 것이다.

하지만 나의 동료여, 나는 당신의 평소 호탕하게 웃

던 모습과 대화 중 자식에 대한 속 깊은 애정을 기억하기에 조금 더 이상적인 언행을 기대했소. 책임질 사람이 필요하다면 내가 사표를 내겠고, 지금의 대화법은 감정이 섞인 것 같다고 따진 걸 기억해주오. 또한 당신이 모든 일과가 끝나고 늦은 시각 믹스 커피 한 잔을 마시러 올라왔다며 마지막 라운딩을 돌고 있는 나를 기다렸다가 올해 바뀐 위생에 대해 설명하고, 낮에 했던 비난의 말들을 지워나갈 때 나는 침묵했지만, 요양보호사도 점심시간이 있어야 하고, 영양사도 점심시간이 있어야 하며, 8시간 혹은 12시간이나 되는 장시간 근무자인 요양보호사의 근무이탈이 사실은 당당한 노동자의 권리, 라고 이야기하고 싶었다오.

이야기하고 싶었지만, 그냥 내버려 두기로 했다. 때가 되면 애정이 담긴 이야기 열매가 열리겠고, 만약 그런 진정한 대화가 불가능하다면 함구하는 편이 편하다는 걸 피로사회가 가르쳐주었으니까.
　날이 갈수록 내가 요양보호사를 하면 안 된다는 생각이 드는 건 왜일까?
　허리가 아파서? 뮤즈와 제우스의 임종을 견딜 수 없어서?

요양보호사 알기를 집에서 부리는 머슴쯤으로 대우해서?

모든 질문에 동그라미를 두 개씩 해버린다.

나는 날마다 나의 죽음을 불러와 서성인다.

어떻게 하지? 이건 아닌데. 어떻게 하면 노후를 알뜰하게 살다가 죽을 수 있을까? 죽을 날을 받아놓으면 얼마나 좋을까?

요양원에서 100세를 맞이하고 싶지는 않다. 때가 되면 죽는 건 당연한데 요양보험이라는 미명아래 죽을 권리를 **빼앗기고** 있는 건 아닌가? 누군가에게 의지해서 10년을 산다고 무슨 의미가 있을까?

나는 나도 모르게 매일 죽음을 생각하고 있었다.

'생각을 해야 해' 생각을 하고 자신을 몰아세워도 아무것도 얻을 수 없는 나날이 계속되고 있었다. 내가 그토록 원해서 시작한 요양보호사 일이 요양시스템과 죽음 앞에서 갈팡질팡하자 나는 이제 자기검열에 걸려 요양보호사가 되면 안 되는 부정한 사람이 되고 있었다.

동료에게
꽃 한 송이를 드림

올해 8년 차 요양보호사인 한 동료를 보면, 나도 늙으면 이분에게 나를 맡기고 싶다고 느끼게 된다. 뮤즈와 제우스를 인격적으로 대하는 면이 그렇다.

보여주기식으로 변질할 수도 있는 오전 프로그램(체조교실, 만들기, 색칠, 노래교실)에 뮤즈가 가고 싶어 하지 않으면 늦게까지 침대에 누워 있게 내버려 둔다. 늦잠을 자느라 아침식사를 마다하면 강제로 깨워 드시게 하지 않는다. 스스로 일어나서 씻고 식탁에 앉으면 그때 간식과 커피 한잔을 내드리는 센스. 뮤즈와 제우스를 어린아이 다루듯이 하지 않고 그들의 기호나 취향을 존중한다.

사람마다 월, 화, 수, 목, 금, 정해진 날에 목욕하기로 되어 있지만, 당일 뮤즈의 상태가 좋지 않으면 목욕도 강제로 하지 않는다.

그러다가 기회를 봐서 토요일 오후 햇볕이 드는 시간에 귓속에 대고 속삭인다.

"여러 날 머리 안 감았잖아~ 씻어야지, 냄새도 나고 간지럽잖아~ 머리 감고 커피 한 잔 드셔요."

"머리만 감을 거지?"

"아니, 여기도 닦아야지."

목욕탕으로 끌려가는 뮤즈가 나에게 한쪽 눈을 움찔움찔하며 신호를 보낸다. 씻기 싫다는 표현이다. 나의 동료는 뮤즈의 손을 잡고 씩씩하게 앞서 걷는다. 그녀 모두 사랑스럽다. 목욕을 끝낸 뮤즈가 식탁에 앉아서 간식과 차 한 잔을 드시며 휠체어에 앉아 있는 룸메이트 뮤즈에게 자신의 기분을 말한다.

"아휴, 씻기 전에는 싫었는데 씻고 나니까 아주 개운하네요."

눈이 보이지 않는 휠체어에 탄 뮤즈가 맞장구를 친다.

이 풍경이 나는 잊히지 않을 것 같다.

100세 시대라고들 하는데 건강관리공단에 말하고 싶다. 지나친 관리가 어쩌면 우아한 서비스를 더 이상 기대하지 못 하게 할지도 모른다고.

보호자가 가지고 온 간식은 보호자가 가지고 왔기 때문에 꼭 드려야 한다는 생각도 버리라고 말하고 싶다. 요양원에는 그날그날의 간식이 준비되어 있어서 그 이상의 간식을 드릴 필요가 없을 수도 있고, 점심시간도 없이 일하는 최소 인원으로 구성된 요양보호사가 그날의 스케줄에 맞게 식사와 간식, 기저귀 갈기, 목욕, 청소까지 하는 마당에 보호자가 가지고 온 꿀을 타드릴 여유가 없을 수도 있다.

결국 관리자를 자처하는 사람들에게 보이기 위해 월요일엔 목욕, 오전엔 프로그램이 지켜져야 해서 우리의 뮤즈가 매일 좋아하는 늦잠을 포기하고 머릿수를 채우기 위해 의자에 앉아 맨손체조를 해야 할까?

일곱 살부터 유치원을 다니고 학교에 다녔을 뮤즈가 이젠 구십 년을 살아서까지 프로그램에 동원된다면 나는 요양원에서 죽고 싶지 않을 것 같다. 자유가 있는 삶은 나이가 있건 없건 정신이 있건 없건 중요한 문제니까.

뒤에서 네 번째
업무일지

M 선생님께

경관식 드리고 반드시 밖으로 보이는 튜브는 우리의 밥그릇이라 생각하시고, 튜브에 찌꺼기가 앉지 않도록 비벼주신 후 맑은 물만 있게 해주세요. 물론 가혹하리만치 강도 높은 일이셨을 줄 제가 압니다. 그래도 한 번 더 지적질 할랍니다. 그게 우리 일이니까요. 또한 미처 못 한 일은 귀찮더라도 업무일지나 구두로 꼭 전달해 주는 센스도 동료애라고 생각합니다. 이 글 또한 애정을 담아 썼답니다.

1. 김○○ 어르신 소변이 새서 시트 갈고, 윗옷 갈아입혀 드렸습니다.
1. S 어르신 입에서 냄새가 많이 납니다. 치아가 썩고 있거나 잇몸 염증이 있는 것으로 추측됩니다. 또한 오전 10시까지 세 차례

'아이 캐어' 해드렸으나 좌측 눈에 눈곱이 흥건하게 끼셔서 간호사님께 보고했으니 소염제 든 안약 처방이 있을 것입니다.

1. 연하(嚥下) 곤란이 있는 J 어르신께서 Y어르신 침대 옆 협탁에 있던 간식 중에서 빵을 드시고 계시는 걸 물리치료사님이 발견하셨습니다. Y 어르신 간식은 협탁에 놓는 대신 식탁에서 드시도록 도와주세요.
1. K 어르신 욕창방지 방석이 수명을 다한 것 같습니다. 또 공기가 빠졌습니다.
1. 경관용 주사기 안에 찌꺼기가 붙어 있어서 손잡이 달린 솔 사용하려 했으나 솔이 너무 커서 물티슈 넣어서 막대로 닦았더니 깨끗^^*
1. 야근 시 H 어르신 변실금 있으니 반드시 대변 확인해 주세요.
1. 바닥 청소용 걸레 새것으로 2장 신청해 주세요.

뒤에서 세 번째
업무일지

1. 28일 입소한 J 어르신 3일 동안 집중관찰기록 시간별 입력하라고 하십니다.
1. J 어르신 딸 찾으시면서 계속 엘리베이터만 바라보고 계십니다.
1. K 어르신 보호자님 오셔서 다음과 같은 요구사항 지시하고 돌아가셨습니다.

: 입 냄새로 가그린 해줄 것을 재차 말씀하셔서 가그린 액을 삼키셔서 희석한 가그린으로 아침에 사용해도 입 냄새가 심한 것은 잇몸염증이나, 이가 썩는 것으로 판단되니 치과로 모셔야 할 것 같다고 했더니 노발대발하시며 가글은 당연히 해야 하는 것 아니냐며 간호사실로 내려가셨습니다.

* 국장님께서 오셔서 저에게 보호자께 그렇게 하시면 남아있는 사람들이 힘들다고 하셨는데, 남아있는 사람들이란 간호사님만, 1층 사무실 사람들만, 포함되고 요양보호사 힘든 건 포함되

지 않은 것 같아서 섭섭했습니다. 어떻게 이곳에는 요양보호사 입장에서 생각하고 말해주는 분이 한 분도 안 계시는 겁니까. 또한 국장님, 사회복지사님, 간호사님 계실 때는 가만히 계시다가 요양보호사와 단둘이 있으면 태도가 싹 바뀌시며 종을 부리듯 하시는데…. 요즘 누가 타인에게 그런 식으로 대하는지 모르겠습니다.

새싹뮤즈의 집중관찰기록을 시간별로 컴퓨터 입력 작업을 해야 하는 12살 연상의 동료는 많이 힘들어 보였다. 그녀 대신 입력을 해주는데 곁에서 감탄한다. 요는 이름 석 자를 복사해서 붙이는 단축키 사용을 보고 감탄한 듯하다. 업무일지에 쓴 내 글을 읽고도 속이 시원한가 보다. 정년을 앞둔 채 회사에는 불만 제로로 살아야 하는 이의 아픔을 아는 나로서는 그녀가 어떤 카타르시스를 느끼는지 알 것 같다.

복지는, 그 일에 종사하는 사람이 슬프거나 아프면 안 된다고 나는 생각한다. 적어도 '갑질'하는 보호자에게서 요양보호사를 보호하는 안전망이 있어야 한다고 나는 생각한다.

예를 들면, 요양원에 부모님을 모셔놓고 지나친 요구를 하거나 한 달에 한 번도 방문을 안 하는 보호자는 해외거주나 직장문제로 방문을 못한다는 사유서를 작성하거나 적절한 병원 내원 없이 지나친 요구사항이 많은 경우 요양보호사 근무자 전원, 간호사의 만장일치가 나올 경우 3번 경고 후엔 퇴실해야 한다는 등의 구체적인 방안을 제시해야 한다. 그래야 요양원과 요양보호사, 보호자, 건강관리공단의 힘의 균형이 맞는다고 나는 생각한다.

왜 요양보호사의 책임만 교육되고 보호자로서의 책임과 의무는 교육되지 않는가.

하나 더! 일곱 형제 중에 큰딸만 혹은 한 자식만 부모님을 돌보거나 1년 동안 부모님 방문을 한 번도 안 할시 벌금과 노인 학대 교육을 이수해야 한다고도 나는 생각한다.

같은 방 쓰면
좋겠지요?

    100세 뮤즈의 기저귀를 가는데 새로 온 뮤즈와 눈이 마주쳤다. 수다쟁이인 나는 설명하기 시작한다.

"이분이 100살이에요. 한국전쟁, 일제시대 다 겪으신 거죠."

낯설어서 눈도 마주치지 않던 새싹뮤즈가 살포시 미소 지으며 "나도 겪었어요. 난 일흔여섯이에요."라고 한다.

건강기록에 적혀있기로는 연세도 기억 못 할 정도로 치매가 심하다고 했는데 갑자기 기억이 돌아온 걸까. 잠시 생각에 잠겨있던 새싹뮤즈가 질문한다.

"그분은 딸이 안 모신대요?"

"딸이요? 딸도 할머니세요. 올해 일흔여덟. 조금 있으면 딸도 이곳에 오셔야 할걸요?"

잠시 뜸을 들이던 내가 "어머니하고 딸하고 같은 방 쓰면 좋겠지요?"라고 묻자, 새싹뮤즈가 듣던 중 반가운 소리라는 듯 조금 전 보다 더 활짝 웃으며 고개를 끄덕인다.
"이제 어서 주무세요. 방불 꺼드릴게요."

세상에 딸을 미워하는
엄마는 없지요

배회 또 배회. 시간별로 새싹뮤즈의 집중관찰기록을 쓰다.

그냥 복사해서 붙여넣기만 해도 좋을 정도로 딸을 기다리며 밤새 돌아다닌다. 그러다가 피곤하면 침대에 앉았다가 또 벌떡 일어나서 출구로 간다. 딸이 기다린다며.

새싹뮤즈의 한쪽 손을 잡고 수척한 어깨를 감싸서 빙그르르. 침대 방향으로 방향을 잡아드린 후 나도 요가 매트를 깔고 곁에 눕는다.

누워서 멀뚱멀뚱 서로를 바라본다. 또다시 벌떡 일어나 나가려는 새싹뮤즈에게 말을 건넨다. 그녀가 좋아할 만한 화제가 뭐가 있을까.

"전 엄마가 아빠 닮았다고 안 예뻐하셔서 어디서 주워온 줄 알았어요. 엄마가 계모인 줄 알았어요."

"아니야 세상에 그런 엄마는 없어. 무뚝뚝해서 그렇지."

별안간 정신이 번쩍 드는 나. 집에 두고 온 딸 걱정만 하던 새싹뮤즈의 확신에 찬 말에 잠이 확 달아나 버렸다.

"난 아직도 딸이랑 뽀뽀하는데."

새싹뮤즈가 자랑스러운 듯 나를 바라보며 말씀한다.

'그렇군요. 그렇게 예쁜 딸을 집에 두고 오셔서 딸 걱정만 하신 거군요. 세상 모든 딸이 들으면 좋을 말을 해주셔서 너무나 감사해요. 세상에 딸을 미워하는 엄마는 없지요. 단지 무뚝뚝해서일 뿐.'

"저러면 안 되는데 아이들처럼 몰래 가야 하는데." 자신을 따라나서려는 새싹뮤즈를 뿌리치고 엘리베이터에 탔던 딸을 보며 무심코 나는 중얼거렸다.

12년 연상인 나의 동료와 나는 배에 봉지를 씌워주듯이 제우스의 그곳에 씌울 기저귀 봉지 만들기 작업을 하며 그 모습을 지켜보고 있었다.

"난 딸에게 부탁해 두었어. 1주일에 한 번은 엄마 보러 와서, 옷 싹 갈아입히고 손발톱 싹 정리해 줘, 라고."

"난 엄마한테 그렇게 하지 못 했어. 경황이 없어서. 지금 같으면 잘해드릴 텐데. 그땐 몰랐어. 후회가 됐어. 지금도 엄마가 그리워."

기저귀 봉지를 만들면서 동료와 나는 두런두런 이야기하는 것이 일상이 되어버렸다.

"저는 일하는 엄마 대신 할머니께서 키워주셨어요. 치매로 3년 고생하다 돌아가셨는데 3년 동안 삼촌들을 대신해서 이모가 모셨죠. 이모는 저에게 너도 할머니께서 키워주셨고 할머니 딸이나 마찬가지니 일주일에 한 번은 할머니를 모시라고 해서 일요일은 제가 할머니를 모시는 당번이었어요. 휠체어로 산책도 시켜드리고 죽도 드리고. 할머니께서 돌아가시자 따라 죽고 싶을 정도로 할머니가 그리웠어요. 그래서 할머니들을 실컷 뵐 수 있는 요양보호사가 된 건지도 몰라요."

"그래?"

동료 선생님이 기저귀 봉지를 만들던 일손을 잠시 놓고 내 눈을 바라보셨다.

"J 씨 그만두면 보고 싶을 거야."

12년 연상인 동료의 눈에 진심이 담겨있어서 나는 살짝 부끄러웠다.

나의 아름다운 동료는 무뚝뚝하고 이렇다 저렇다 남을 평가하지도 않고 할 일만 묵묵히 하며 주변을 유쾌한 공기로 만들 줄 알며 지극히 개인적인데다가 솔직 담백한 매력 있는 여성이다. 나는 그녀가 제우스와 뮤즈에게 하는 모든 서비스를 답습했고, 그녀는 틈날 때마다 기저귀를 갈 때 허리를 다치지 않게 하는 노하우나, 하루 종일 찬 기저귀로 혈액순환이 안 된 엉덩이에 묻은 대변을 어떻게 깔끔하게 치우고 혈액순환을 시켜줄지에 대한 방법을 지도해 주었다. 기저귀를 가는 그녀의 손길은 피아노 건반을 달리는 연주가의 손처럼 숙련되어 있었고, 리듬을 탔으며 무엇보다 정확했다.

나는 그녀와 일하는 것이 너무나 멋져서 아픈 허리 통증을 잊을 때가 많았다. 우리는 시간 날 때마다 자신의 이야기를 조금씩 나눌 수 있었다.

무뚝뚝해 보이고 자신의 감정을 잘 표현하지 않던 그녀에게서 '엄마가 그리웠어.'라는 말을 들으리라고는 예상치 못 했으나 제우스와 뮤즈들을 돌보았던 일들을 떠올려 보니, 그녀 또한 엄마를 애도하며 일을 했던 게 아니었을까 싶었다.

엄마가 아팠을 때 자신은 경황이 없어서 못 했고, 몰라서 못 했다고 말씀하실 때 묻어났던 촉촉한 이끼 같은 감촉을 기억해야겠다. 요양보호사를 하며 엄마에게 이렇게도 해드릴 수 있고 저렇게도 해드릴 수 있다는 걸 깨달았을 때 엄마가 그리워졌다는 말도 수첩에 적어놓아야겠다.

마지막 근무를 마치고 나는 12년 연상의 동료이며 어떤 의미에서는 지난 수개월간 나의 나침판이 되어주고 등대가 되어주었던 인생의 스승과 헤어지는 게 몹시 아쉬웠다.

그런 마음이 통했을까? 야근을 마치고 마지막 아침식사를 하는데 주섬주섬 집에서 가져온 반찬을 펼쳐놓았다.

"더덕구이야. 맛 좀 봐. 내가 손으로 다 까고 양념한 거야. 함께 먹으려고."

이제 아침을 먹고 씩씩하게 요양원 문을 열고 미지의 세계로 모험을 떠날 각오를 다지던 난 마음이 흔들렸다. 이렇게 소중한 기분이 들게 하는 동료와 헤어진다는 게 몹시 아쉬웠다.

집에서 가져왔던 밥그릇 하나, 젓가락, 숟가락 한 벌을 짐 속에 챙기고 인사를 하고 나오는데, 그녀는 엘리베이터가 7층에 멈출 때까지 곁에 있다가 엘리베이터 문이 열리자 나를 가볍게 안아주었다.

순식간의 일이었지만 엘리베이터 문이 닫히고 혼자되자 그녀의 포옹이, 헤어지는데 얼마나 많은 격려를 담고 있었으며 아쉬움을 담고 있었는지 느껴지자 울음이 나왔다.

금붕어처럼 눈을 껌벅거리며 집으로 돌아왔다. 발자국 하나하나마다 아쉬움의 정서가 도장처럼 찍히는 걸 느낄 수 있었다.

통증.

헤어진다는 건 이렇게 슬픈 기분이 드는구나. 마치 처음 느낀 감정처럼 새로웠다.

마을 안의
요양원

 마을버스에 흔들리며 요양원으로 향하는 동안 창밖에 해바라기는 피지 않았어도 나는 끝없이 펼쳐진 해바라기밭이 필요했다. 내 품 안에서 사라져 간 영혼을 해바라기 속에서 찾고 싶었다. 해바라기 속 그 얼굴, 그 영혼이 나에게 미소 짓고 고개 흔들며 괜찮다, 괜찮다 속삭여주길 바랐다.
 마을버스에서 해바라기를 그리던 내가 어느새 기억을 정산하고 있다.

 나를, 나를 미워했던 요양보호사님은 지금도 계실까? 내가 오고 나서 센터장과 사회복지사가 자주 올라와 간섭을 한다며 귀찮아했던 그 선생님 말이다.
 애정을 갖고 해왔던 일을 그만두려고 '마음' 먹었을 때 슬픔이 몰려와서 어깨를 들썩일 때 나를 안아주며 '왜 이 일을 택했니.' 하고 나보다 더 소녀처럼 안타까워하시던 사회복지사님은?

100세 가까웠는데도 방석만 한 성경책을 침대에 두고 읽던, 병석의 아버지를 두고 시집 못 갔다던 효녀심청 뮤즈의 안부가 나는 궁금했다. 내가 야근하는 날이면 주무시다가 일어나서 널 기다렸다고, 간식 고마웠다고 무대에 선 배우처럼 깊숙이 고개 숙여 인사하던 혈혈단신의 뮤즈를 만났을 때는 이제야 찾아뵌 것을 후회했다.

나를 알아보는 줄 알고 기뻐하다가 "제가 누구지요?" 하고 여쭙자 "사람" 하고 답해서 웃음바다.

요양원이 멀리 이전을 한다고 한다. 차가 없으면 다닐 수 없는 곳으로. 그동안 정년을 훌쩍 넘겼던 간호조무사님 대신 중년의 선생님이 그 자리를 지키고 있었고 나보다 손위인 사회복지사님은 여린 듯 강하게 이전 준비를 하고 있었다.

돌아오는 길에 인사를 나누고 골목을 나서다가 어쩐지 시선이 느껴져서 뒤돌아보니 사회복지사님이 문가에 선 채 나의 뒷모습을 하염없이 바라보고 있었고 나는 요양원이 이전을 하는 것이 아니라 문을 닫는 게 아닐까 추측했다. 그렇다면 나는 아주 중요한 순간을 나누고 온 것임이 분명했다.

마을 안에 요양원이 있어서 요양원 문을 나서면 바로 자기 동네와 만날 수 있는 곳, 저녁시간에 자유가 있어서 10시까지 거실에서 티브이를 켜놓을 수 있는 곳. 사고무친의 뮤즈를 센터장이 엄마라고 부르면 예쁜 실내화를 사다 주는 곳. 또 의사 자식은 있으나 너무 바빠서 자주 찾아뵐 수 없는 아들을 가진 뮤즈가 예쁜 실내화를 부러워하며 뾰로통해 있다가도 그다음 날이면 예쁜 새 신을 신고 있는 곳. 선배의 어머니가 소변줄을 하고 왔다가 일어나 걸어 나갔던 기적의 순간을 함께 했던 곳. 힘든 노동을 끝내고 집으로 돌아오는 길 요양원에 있는 자신의 노모에게 드리고 싶어서 아홉 분의 뮤즈에게 아이스크림을 돌리던 아들이 노래를 하고 돌아갔던 그곳이 마을에서 사라지는 순간.

    시설 좋은 빌딩이지만, 시내와 뚝 떨어져 있어서 차가 없으면 닿을 수 없는 요양원으로 떠나야 할 뮤즈들이 해바라기가 되어 마을버스를 타고 돌아오는 내내 따라오고 있었다.

2부

봉사자에서
요양보호사 되기까지

아아, 나는 나도 모르게 엉엉 운다. 참을 수가 없다.
고통으로 일그러진 어르신의 입에 고인 침을,
뺨으로 흐르는 눈물을 따라 내가 울자
곁에 있던 선배 요양보호사가
"그렇게 울면 이 일 못 해요." 한다.

2부는,

―

요양보호사 활동을 시작하기 전인 2011년부터 2016년까지 쓴 글을 모은 것으로 요양원 봉사자에서 요양보호사가 되기까지의 과정을 담아냈다. 요양보호사 준비하는 분들에게 작은 도움이 되길 바란다.

―

목욕
봉사

그곳은 마치 유치원의 최연소 반과 같은 풍경이었다. 어른들의 유치원.

2011년 4월의 봄날, 나는 선배의 부음 소식으로 피폐해질 대로 피폐해져서 밤마다 가위에 눌렸다. 환청이 들렸고 시끄러워서 잠들기가 두려웠다. 악몽을 꾸게 될까 봐.

그래도 변함없이 일상은 계속되었다. 바퀴가 굴러가는 것처럼 계속되지 않으면 안 될 이유가 내게는 많았다. 남동생이 병원에 입원해 있는 동안 고1인 큰조카와 초등학교 6학년인 막내조카를 돌봐야 했기 때문이다.

내가 고단한 일상을 보내는 동안 막내조카에게 사춘기 신호가 오기 시작했다. 평소 할머니를 무척 따르던 아이가 반항을 하기도 하고, 게임에 지나치게 몰두하면서 공부도 게을리했다. 좋아하던 피아노 연습도 한두 번 뚱땅거리고 끝.

밤늦게까지 거리를 배회하던 큰 조카가 이제 귀가시간을 지키고 영어 우열반 배정에서 A반이 되어서 한시름 놓았다고 생각하던 차였다. 이제는 막내조카에게 신경을 써야했다. 어떻게 다가가야 할지 고민해야 했다.

피아노를 배우고 있는 복지관은 집에서 서너 정거장 떨어져 있어서 막내조카를 데리고 다니기로 했다. 집으로 돌아오는 길에 복지관 셔틀 대신 둘이서 걸어오며 이야기도 나누고, 다른 엄마들이 그러는 것처럼 가방도 들어주고, 떡볶이도 사주고….

그러다가 이상한 일이 일어났다.

그것은 거의 충동적이었다. 막내조카의 피아노 교실은 복지관 3층에 있는데 복도를 마주보고 노인센터가 있었다. 하루 또는 장기간 어르신들을 보호해주는 센터 사무실이 활짝 열려 있기에 들어갔다.

사무를 보던 여성에게 말을 건넸다.

"봉사를 하고 싶은데요."

그녀는 명함을 건네며 기다렸다는 듯이, "매주 수요일 목욕봉사가 있는데 하시겠어요?"

"몇 시부터죠?"

"수요일 1시. 가능하시면 목욕봉사 후에 있는 원예치료도 함께해주시겠어요? 무엇이든 입에 가져가서 드시는 분이 계시거든요. 흙이며 돌이며 상관없이 입에 넣기 때문에 곁에서 지켜봐야 해요."

이렇게 해서 나는 한 달에 두 번 정도 막내조카의 피아노 레슨이 끝날 때까지 목욕봉사를 하게 되었다.

깊은 슬픔 속에서 누군가에게 도움이 되는 일을 하면 위로가 된다는 것을 몸이 기억하고 있었나 보다.

아홉 분의 목욕시간.

먼저 고마워 할머니와 멋쟁이 할머니가 탈의실에 들어갔다. 나는 밖에서 차례를 기다리는 할머니를 지키는 당번. 김애자 할머니는 한눈을 팔면 문을 열고 나가서 길을 잃기 때문에 목걸이에 주소와 전화번호가 새겨 있다. 얼마나 오랜 세월 동안 엄마 역할을 했을까, 입가에는 늘 미소가 어려 있지만, 자신은 미소를 짓고 있는지도, 이곳이 어디인지도 모르는 분. 하루 종일 곤하게 잠만 자는 다다다 할머니는 휠체어에서 내려오지 않아서 목욕은 생략. 서성이 할머니 또한 고집을 부려서 아무도 옷을 벗겨주지 못해서 생략. 다른 분들에 비해서는 치매 정도가 약한 이북에서 왔다는 할머니는 자신의 차례가 아닌데도 옷을 혼자서 벗는다. 내복에서 떨어지는 몸 비듬이 햇살에 반짝이다가 사라진다.

목욕을 끝마친 고마워 할머니의 젖은 머리를 말려주고, 빗질을 하고 긴 팔소매를 접어주고 양말을 신기고, 면봉으로 귓속을 닦아주자 즐거운 듯이 "고마워" 한다. 눈이 마주치기만 해도 '고마워'를 연발하는 할머니는 딸자식이 고무줄처럼 셋이었다가 둘이었다가 바뀐다.

"할머니 자식이 몇이죠?" 하고 여쭈면, "응, 딸만 셋. 막내는 아직 시집을 안 갔어."

고마워 할머님의 자손은 둘인 걸로 서류에 있다던데. 혹시 먼저 보낸 자식이 있는 걸까?

이윽고 원예치료 시간. 중지 손가락 두 마디 정도 되는 크기의 작은 화분에 작은 돌멩이 두 개를 달아 종을 만드는 시간. 지난 시간에는 상추를 심었다. 농사를 지으셨던 할머니가 아주 즐거워하셨는데 종 만들기는 약간 어려운가 보다. 화분 구멍에 끈을 꿰려고 애쓰지만 생각처럼 되지 않는다. 생각 같아서는 대신해주고 싶지만, 그런 손동작 하나하나가 뇌를 자극해서 치매에 좋다니까 차분히 지켜봐드려야 한다.

서성이 할머니가 서성서성 배회하시다가 원예치료 봉사를 온 선생님 가방을 몰래 책상 밑으로 감춘다. 매우 신중한 모습이다. 우리들이 보고 있는 걸 깨닫지도 못하고. 서성이 할머니는 한곳에 오래 머무는 법이 없다. 이젠 노인센터에 관상용으로 둔 화초 곁으로 가서 나뭇잎을 한 잎, 두 잎 딴다. 손바닥이 수북해질 때까지 딴다. 나물을 캐시려는가. 가득히 딴 나뭇잎을 소중히 자신의 바지 주머니에 넣더니 계속해서 나뭇잎을 따다가 마침내 선생님에 의해 부엌으로 끌려가신다. "맛있는 것 드릴게요." 하고.

화분으로 만든 종이 거의 완성될 무렵 원예치료사가 할머님들에게 질문을 한다.

"이런 모양의 종을 뭐라고 부르죠?"

"풍경."

"맞았어요? 금방 알아맞히시네요. 풍경을 영어로는 바람 소리라고 하는데요. 아시아에서는 여러 가지 풍경을 볼 수 있지요."

할머니들 대부분이 먼 나라에 사는 듯 이야기에는 아랑곳없이 테이블 앞에 놓인 재료들을 만지작거리지만 원예치료사도 지지 않고 자신의 수업을 진행한다.

흙이며 돌이며 모두 자신의 입에 넣고 보는 할머니는 내 눈치를 살짝 보더니 핑크색 리본을 숨긴다. 나도 살짝 웃으며 할머니 손에서 리본을 제자리에 놓는다. 그러다가 원예치료사님의 이야기에 잠시 한눈을 팔다가 할머니를 보자 리본으로 화분을 돌돌 말고 계셨다. 오늘은 정신이 조금 맑으신가 보다.

원예치료 시간이 마무리 단계에 이르렀다. 마지막으로 화분에 자신의 이름을 쓰는 지도였지만 대부분 복지사님이 도와주었다. 수업에 참가하신 할머니의 손에 사인펜을 쥐어 드렸더니 '김'자를 어렵게 썼다. 나머지 글은 알아볼 수 없게 삼각형을 그리고 밑에다 '11'을 썼다.

'슈슈'라는 글자로 보이기에,

"김슈슈 할머니?" 장난스럽게 묻자, 아무 말씀도 안 하고 또 한 번 미소만 짓는다.

원예치료 후에는 간식시간. 작게 자른 절편이 담긴 접시와 보리차가 담긴 컵. 대부분 할아버지들이 자신의 입으로 포크를 가져가기까지 부단한 노력을 기울이지 않으면 안 된다. 그래도 끝까지 포기하지 않고 포크로 떡을 찍는다. 할아버지 화이팅!

고마워 할머니와 눈이 마주쳤다. 꼴깍, 내 침 넘어가는 소리가 들렸나?

"먹어 볼래?"

"예."

포크를 쥔 손이 부들부들 떨리지만 아, 하고 벌린 내 입으로 골인. 휠체어에 앉으신 채 떡을 드시던 할아버지가 나에게, "나만 먹어서 어쩌지?" 한다.

"아니에요. 먹고 왔어요."

다정한 간식시간이 흐르고 주간 동안만 있기로 한 분들을 모셔다 드릴 셔틀버스를 기다리는 동안 복지사 한 분이 '남원산성' 타령을 불러드리자 하루 종일 주무시기만 하던 다다다 할머니가 큰 소리로 "다아, 다아, 다." 한다. 복지사님 말씀으로는 노래를 하는 거란다.

멋쟁이 박소미 할머니는 늘 반지며 목걸이를 하고 온다. 치매에 걸렸어도 멋 내는 것만큼은 잊지 못하는지, 오늘은 할머니의 신이 아닌 최신 유행하는 플랫슈즈를 신으셨다. 발볼이 넓은 할머니 발에 구두 볼이 벌어져서 종종걸음으로 걷지 않으면 자꾸 벗겨진다. 아, 위험할 텐데.

"내일은 할머니 신발 신고 오세요. 벗겨져서 위험해. 이 구두는 젊은 사람들 신이에요." 라는 복지사의 말에, "시러." 한다.

셔틀버스가 오고 이제 막내조카의 피아노 교실로 가야 할

시간. 인사는 없다. 다음에 만나면 나는 또 처음 만나는 사람일 것이다. 고마워 할머니께 마음속으로 인사를 한다. 할머니, 저희 할머니처럼 다정하게 대해 주셔서 고맙습니다.

이제 막 체르니 100번에 들어간 막내조카의 음악이론 책은 2주 전에 보았던 그대로다. 실기에 집중하면 아이들은 자칫 이론을 등한시하게 마련이지만, 어떤 학문이나 마찬가지로 자신의 수준에서 한 단계 높아지려면 이론수업을 빼먹지 말아야 한다.

나는 책에 '아들(막내조카를 부를 때 아들이라고 한다), 꼼꼼하게 문제를 풀어야지.' 하고 메모해 둔다.

집으로 돌아오는 길에는 허리가 90도로 굽은 할아버지와 계속 같은 방향으로 걸었다. 할아버지는 거리에서 종이를 줍기 위해 멈춰서고, 이제 멀어졌는가 싶으면 어느 사이 우리 곁을 지나쳐 가시길 반복했다. 나와 함께 슈퍼에서 산 구구아이스크림 통을 들고 플라스틱 숟가락으로 퍼먹던 막내조카는 그런 할아버지가 자꾸 마음에 걸리나 보다. 그러다가 우리는 할아버지와 눈이 마주쳤다.

"할아버지, 아이스크림 좀 드시고 가세요." 내가 가방에서 여분의 숟가락을 꺼내자, "아이 먹여." 한다.

이럴 때는 어떻게 해야 하나….

용기를 내어 돈을 드린다. "그럼, 아이스크림 사 드세요."

돈을 유쾌하게 받아주신 할아버지와 우리는 신호등 앞에서 헤어졌다.

이제 하루가 갔구나 하고 방심은 금물. 나는 저녁 메뉴로 어제 약속했던 함박스테이크 재료를 사고, 막내조카와 밤에는 캐치볼을 해야 하고, 큰 조카의 영어를 봐줘야 하고, 마지막으로 엄마의 이야기를 들어드릴 시간도 조금은 남겨두어야 한다.

나의 하루는 길고 지루할 틈도 없이 흘러만 간다.

'이러는 게 나아. 차라리 이렇게 지독히 바쁘고, 쉴 틈 없이 고단한 게 좋아. 자루처럼 쓰러져서 악몽 없이 푹 잠들 수 있도록….'

원예치료

식물을 대상으로 하는 인간의 다양한 원예 활동을 통하여 사회적, 교육적, 심리적 혹은 신체적 적응력을 기르고 육체적 재활과 정신적 회복을 추구하는 치유 행위.

여름
문안

"정말 오래간만이네요. 그동안 어떻게 지내셨어요. 고마워 할머니는 안 보이시네요. 그렇군요. 심장발작이 있으셨군요. 면세점 일자리를 옮기느라 분주하던 차에 두 달이 훌쩍 지나가 버렸네요. 그럼요. 저는 잘 있었어요."

복지사님과 인사를 하고 실버센터로 들어갔다. 회의 중인 요양보호사님 세 분과 눈인사를 하고, 소파에서 잠이 든 서성이 할머니를 지나 몽골 할머니께 인사를 드린다. 센터에 왔을 때는 걷지도 못하고 말씀도 없었는데 규칙적인 식사와 운동으로 많이 좋아지셨다.

소파 옆에 앉아 눈을 마주치자 갑자기 박치기를 한다. "아얏!"

예고도 없이 박치기를 당하니 놀라고 아파서 어이없는 표정을 짓자, 요양보호사님이 다가와 "얼마나 힘이 센데요." 하며 몽골 할머니 곁에 앉는다. 할머니는 요양보호사님의 손바닥을 펴고 자신의 손바닥으로 짝짝 소리가 나게 토닥이다가 마침내 팔뚝까지 오르내리며 손바닥 자욱이 나도록 친다. 규칙적인 식사와 운동으로 건강해진 모양이다.

"아파요."

"그래?"

내옷돌려줘 할머니와는 오늘도 목욕 전에 한바탕 실랑이를 벌였다. 탈의실까지 신발을 들고 왔는데, 이런 차림이 옷을 벗기기에는 최상의 상태다. 양손에 신발과 지팡이를 들고 있어서 탈의할 때 이렇다 할 반항을 못 하기 때문이다. 맨 먼저 씻고 나온 할머니는 등에 있는 물기를 닦아드리는 내내 투덜댄다.

"이게 무슨 목욕이야. 그냥 물만 끼얹었잖아."

등에서 발까지 물기를 닦아드리며 설명을 해드린다.

"맞아요. 오늘은 목욕이 아니라 샤워라고 해야지요."

그렇다. 요양보호사 세 분 중에 한 분은 할아버지를 담당하는 남자고, 여자 둘이 열 몇 명이나 되는 할머니들 목욕을 담당하고 있어서 때를 밀어 드리는 건 엄두도 못 낸다. 봉사자가 온다 해도 그들은 훈련된 전문가가 아니니 보조에 그칠 수밖에 없다.

목욕이 끝나고 원예치료사가 올 때까지 시간이 남았다.

낮잠을 자고 일어난 서성이 할머니는 오늘도 역시 나가려고 잠긴 출입구 손잡이와 씨름을 하고, 주기도문을 외우는 할아버지는 바닥에 누워 있다가 벌떡 일어나 어디론가 향하다가 바지에 실례를 하고, 아흔셋에 파킨슨병이 발병했지만 몸 흔드는 것 이외에는 초기단계라서 인지능력 80%인 할머니는 실습 나온 봉사자들에게 간이 수면실로 데려다 달라 티브이가 있는 소파로 데려다 달라며 3분에 한 번씩 이동을 한다.

봉사 학생이 내게 다가와 속삭인다. '관심 가지면 계속 아프다고 하세요.' 2주 동안의 실습으로 터득한 모양이다. 다다다 할머니도 한차례 온 센터가 떠나갈 듯 다다다다아~ 고함을 친다.

오늘은 모두 상태가 안 좋아 보인다.

그런 가운데 정신은 멀쩡하지만, 혼자 거동하지 못해 낮 동안 센터 생활을 하는 할머니 중 한 분이 누구에게랄 것 없이 허공에 대고 "멀쩡해 보이는데 다 이상해."라고 중얼거린다.

그런 와중에 한쪽에서는 장기두기에 열중하는 멋쟁이 할아버지와 실습생 청년이 마주하고 있다. 그들의 나이 차이는 적어도 50살은 넘어 보인다.

원예치료를 위해 책상을 다시 정렬하는 요양보호사님들 모습이 지쳐 보인다.

김슈슈 할머니는 나와 눈이 마주치자 나를 향해 수줍게 웃음 짓는다. 곁에 다가가서 손을 잡는다.

"오늘은 무슨 노래를 부를까요?"

"몰라요. 난."

맑은 눈동자를 깜박이시며 웃는다.

"제가 기억하고 있어요. '쎄쎄쎄'를 너무 잘 부르시잖아요."

"쎄쎄쎄~ 아침 바람 찬 바람에 울고 가는 저 기러기~"

내가 선창을 하자 김슈슈 할머니는 입술을 달싹이다가 노래를 시작한다. 가위바위보까지 마치자 나는 또 한 곡 부르기 시작한다. 기대는 하지 않았지만, 그때 그 순간 내 마음이 시키는 대로 노래하기로 한다.

"엄마가 섬그늘에 굴 따러 가면~ 아기는 혼자 남아 집을 보다가~"

오래도록 아침 바람만 불렀는데 오늘 김슈슈 할머니가 〈섬집 아기〉도 부를 줄 안다는 것을 깨닫는다. 건너편에 앉아 있던 할머니들 사이에 웃음소리가 퍼진다. 한 할머니가 소리 내어 웃기 시작하자 파도치듯 웃음이 번져 모두 따라 웃는다.

이윽고 주간 프로그램이 다 끝나자 나는 앞치마를 벗는다. 복지사님에게 7월 일정을 미리 말씀드린다.

"오늘은 모두 상태가 안 좋은 편인데 장마 지면 지내기 더 힘들 거예요."

돌아오는 길에 복지사님의 마지막 인사가 자꾸 생각났다. 올해로 1년이 된 목욕봉사 시간은 총 67시간 50분.

다음 강의가 기다려지는
수업

   파출부도 일용직에 해당하여 180일 근무일을 인정받고 실업급여를 신청했다. 신청 사유는 어깨 부상.

 어깨 부상은 실업급여를 받을 수 없단다. 구직 지원이기에 구직할 만한 건강한 상태가 아니면 실업급여를 받을 수 없단다. 어깨 부상을 지우고 오십견이라고 다시 쓴다. 서류를 쓴다는 건 얼마나 유연한 정신이 필요한가.

 실업급여 설명회에 참석하여 취업희망카드를 받는다. 수첩에는 앞으로 내가 받을 급여 일수가 150일로 적혀 있고 일일 구직급여는 4만3천 원이다. 첫 급여는 설명회 참석 다음 날, 8일 동안만큼의 급여가 이체된다고 한다. 모든 구직자는 한 달에 한 번 구직활동 자료를 업데이트해야 한다.

 나는 실업급여 신청이 결정되자 요양보호사교육원에 등록한다. '요양보호사'가 되기 위해서는 이론과 실기, 현장실습을 포함해서 240시간 수강해야 하고, 요양보호사 자격증 시험을 치러야 한다. 우연을 필연으로 만드는 법.

막내조카가 다니던 복지관에서 어르신을 대상으로 했던 목욕봉사 경험이 직업이 될 수도 있겠다.

강의 셋째 날. 그때까지도 실업급여를 받는 자신이 사회 주변으로 물러난 기분이 들었다. 얼마 전까지 방통대에서 중국어 기말고사 시험을 보느라 얼마나 힘들었는가. 공부만 하다 죽겠네. 요양보호사로 과연 살아남을 수 있을까. 우울했다. 하지만 염미정 강사의 수업이 시작되면서 그런 고민은 하지 않기로 했다. 고민은 고민일 뿐이다. 행동하지 않으면, 영혼이 없으면 아무것도 이루어지지 않는다.

"저는 응급실에서 2~30대를 보냈어요. 그러다가 지역사회에서의 의료가 궁금해서 종합사회복지관으로 옮겼어요. 응급실에 있다 보면 뇌졸중으로 많이 오세요. 뇌는 시간이거든요. 주변에 화를 내시는 분은, 갑자기 화를 내면 CT, MRI 찍어 보시는 게 좋아요. 저는 환자 옆에 있는 사람이 편해야 한다고 생각해요. 내 기분이 조금 이상해진다 하면 갑상선에 이상이 있거나 뇌에 이상이 있나 검사해 보시는 게 좋아요. 암은 시작과 끝이 어느 정도 보이는 병이에요. 하지만 뇌졸중은 그렇지 않아요. 요즘은 죽고 싶어도 병원에서 살려요. 저는 지역이 궁금했어요. 가정이 해체되는 경우도 많아요. 제가 바람이 있다면 요양보호사가 된 여러분이 가족도 돌보시고, 다른 가족 돌보는 거예요. 요즘은 자신이 하고 싶어서 일하지 돈 벌려고 안 해요. 시대가 바뀌었어요. 남의 직업을 존중해야 해요. 나도 중요하고 너도 중요한 사람이야 하고. 공부해서 좋은 건 소통인 것 같아요. 강의는 나눔이라 생각하고, 가르치는 건 행복해요."

강사님의 자기소개는 계속되었다. 자기소개인 동시에 '요양보호사'라는 직업에 대한 확신이 없는 사람들에게 전하고 픈 메시지를 풀어나가는 중이었다. 나에게 새로운 꿈을, 꿈의 씨앗을 심어 주려는가.

"요양보호사가 간병인과 다른 점이 뭘까요? 자신이 환자를 전문가답게 책임을 져야 해요. 대충 배우지 말고 잘 배워야 해요. 일만 하면 고집이 생겨요. 공부도 해야 해요. 향기

나는 요양보호사가 되어 보세요. 요즘은 자기 나이에 열둘을
빼야 해요."

    나는 속으로 열둘을 뺀다. 서른여섯. 나쁘지 않다. 주변을 둘러본다. 남편의 간병을 하기 위해 왔다는 분의 연세는 82세. '카톡'으로 정보를 교환한다. 다음은 얼마 전에 검정고시로 고등학교를 졸업했다는 이는 60세다. 자식들로부터 경제적인 독립을 위해 요양보호사 공부를 시작한 77세인 분부터 너무나 다양한 경력과 다양한 목적을 가지신 분들 가운데 내가 앉아 있다. 계속해서 강의가 진행된다.

  재활의 모토는 '희망'이라는 것. 배운 대로 실천하는 전문적인 요양보호사가 되겠다는 신념을 가지라는 것. 강의 오기 전에 배탈이 나서 죽을 것 같았는데 이렇게 강의하러 왔더니 괜찮아졌다며 웃는데 참 괜찮은 미소였다.

    "제가 아끼는 자격증이 뭘까요? 목욕관리사에요. 배우는데 100만 원 들었어요. 어르신들 위해 배웠어요. 미용자격증도 있으면 좋아요. 없으면 미안하다는 마음으로 하세요. 머리도 깎아 드리면 좋을 텐데 하고. 전문가는 좀 외로워요.

사람들에 섞이지 않고 바른길을 가는 데는 어려움이 있어요."

다음 시간은 요양보호사 강의가 시작된 지 한 주가 지나고 아홉 번째 날이다. 나는 정신없이 그녀의 말을 받아 적는다. 하나라도 놓치면 안타까워서 쩔쩔맨다. 타인의 말에 이렇게 귀 기울였던 적이 있었나 싶게.

"저는 비 오는 날에는 기분이 어땠는지 살피러 돌아다녀야 해요. 객관적인 거리를 유지할 수 있는 게 전문적인 거예요. 너무 친하면 요양보호사가 불편하겠지 하면서 환자가 도와달라고 안 하고 참아요. '누구누구 님 오늘 기분이 어떠세요?' 우리도 이름 불러주면 좋잖아요. 어르신이라는 말은 싫어들 하세요. 소중한 느낌이 안 들잖아요. 너무 사랑하면 안 돼요. 적절하게 거리 유지하고 스스로 할 수 있게 해야 해요. 사랑은 넘치거나 부족하면 탈이 나요. 절제해야 해요. 저는 이것을 응급실에서 배웠어요. 8번에 밑줄 그으세요."

경관 영양을 하는 대상자는 입안 건조와 갈증을 예방하기 위해 입안을 자주 청결히 하고 입술보호제를 발라준다.

콧속에 분비물이 축적되기 쉬우므로 비위관 주변을 청결히 하고 윤활제를 바른다.

"코딱지가 가득한 건 매우 건강한 거예요. 코딱지는 백혈구의 전쟁 결과물이에요. 면역에 성공한 거예요. 내 몸에 무슨 균이 들어오면 백혈구가 한판 뜨면 나오는 게 코딱지인 거예요."

안약 투여는 그동안 알고 지냈던 상식과는 다른 것을 배웠다. 안약을 넣을 때 생리식염수에 적신 멸균 솜으로 눈 안쪽에서 바깥쪽으로 닦아 준 후 대상자에게 천장을 보도록 하며 점적 방울 수를 확인하여 눈 밑에 있는 결막을 집게손가락과 엄지손가락으로 집어서 가운데 안약이 들어갈 수 있도록 주머니를 만들 것. 눈 안쪽으로 안약을 넣으면 코와 목을 통해 몸으로 안약이 퍼질 수 있으므로 삼갈 것 등을 체크해 주셨다.

강의 후 질문 시간에 안연고를 사용할 때 처음 나오는 연고는 거즈로 닦아 버리고(뚜껑에 달린 뾰족한 끝으로 개봉했으므로) 사용 후 집에 두고 계속 쓰지 말고 버리라는 말씀에 냉장고에 두고 쓰면 어떨까 질문을 한다.

"실온은 실내 온도고 상온은 일정한 온도지요? 안약을 상온의 그늘진 곳에 보관하는 게 맞아요. 냉장고에서 꺼내 쓰고 잠시 잊어버리고 실온에 두면 온도가 일정하지 않아서 균이 생길 수 있어요. 냉장고에 넣었다 뺐다 하지 마세요. 그냥 식탁에 두세요."

병원에서 그런 건 잘 안 가르쳐준다고 하자 대답을 한다.

"자기 건강은 자기가 챙겨야 해요. 요즘 최고의 의사는 설명 잘하는 의사에요. 잘 알아보고 가세요. 그리고 일상생활을 어떻게 했는가에 따라 나중에 응급상황에 갔을 때 경증이냐 중환자가 되는가 달라져요."

앞으로 남은 2주간의 시간표를 확인한다. 염미정 강사와의 수업은 오늘로 마지막이다. 다음 강의가 기다려지는 수업을 받다니, 이런 기분 너무 오래간만이라 살아 있는 것 같다. 이 기운이 가시기 전에 글로 남긴다.

벤자민 버튼의 시간

눈물콧물 실습 중 ①

　요양보호사 이론과 실기 160시간을 채우고, 8월 1일은 2주간 실습이 시작되는 날이었다.

　일주일은 요양센터에서 근무하고 일주일은 재가센터에서 지원하는 각 가정으로 실습을 간다. 함께 공부한 동료 선생님들 가운데 11명이 배치된 시립요양센터에 도착하자 이번엔 층별로 나뉘었다.

　내가 일주일을 보내게 될 곳은 4층 느티나무실이었고, 다섯 개의 방이 있었다. 방마다 4개의 침대가 놓여 있었고, 침대 머리맡에는 '낙상고위험군'이라든지 '낙상위험 없음'이라는 메모와 함께 어르신들의 성함과 나이가 표시되어 있었다.

　내게 주어진 첫 번째 임무는 간식으로 나온 요구르트 드리기다. 아흔한 살의 삼키는 능력이 낮아진 어르신께 숟가락으로 요구르트를 흘리지 않고 드시게 하는 게 여간 어렵지 않았다. 한쪽 마비로 인해 약간 기울어진 몸에 무표정한 얼굴이 요구르트를 드리는 동안 표정을 찾는다. 입맛을 다시는 모습에 목이 마르다는 걸 짐작한다.

다음은 배변돕기. 스크린을 치고 다이소에서 본 듯한 소스병에 담긴 미지근한 물을 세척 부위에 뿌린다. 다음은 물티슈로 마무리를 하고 다시 기저귀를 채워드리는 것까지가 배변돕기이다.

첫날이므로 주도적으로 하기보다 요양보호사님들의 지시에 따라 필요한 물품을 건네거나 좌우로 체위를 변경해 가며 기저귀와 바지를 입혀드리는 것을 돕는 것뿐인데 이 작업도 쉽지 않다. 힘쓰는 요령이 필요하다. 허리가 금세 아파온다.

휠체어로 이동이 가능한 어르신은 노래 프로그램이 진행되고 있는 홀로 모셔다 드린다.

너무나 아름다운 백발의 어르신 곁에 서 본다. 역시 무표정한 얼굴로 허공을 바라보고 있다. 손을 잡아보니 에어컨으로 얼어 있다. 휠체어 뒤에서 뺨을 대고 손등을 비벼드리며 "춥지 않으세요?" 하고 묻는다. 나의 스킨십이 싫지 않았나 보다. 눈을 꼭 감으며 웃음을 참는 듯 어깨가 들썩인다. 마침내 목에서 소리가 울린다. 웃는 모습에 나도 모르게 감동한다. 그때까지 무표정한 모습으로 봐서 말씀을 못 하는 줄 알았는데 노래도 따라 부른다.

'나의 살던 고향은 꽃피는 산골, 복숭아꽃 살구꽃 아기 진달래 울긋불긋 꽃 대궐 차린 동네 그 속에서 놀던 때가 그립습니다.'

믿지 못할 풍경이 눈앞에 벌어진 것이다. 즐거워 보이는데 얼굴빛 또한 핑크빛으로 상기되어 있다.

점심시간 준비로 한차례 대이동이 있었다. 자신의 침대에 누운 채 드셔야 하는 분도 있었고 텔레비전이 있는 홀에서 휠체어를 탄 채 식탁에 앉은 분도 있었다. 점심이 나오기 전까지 기다리는 시간은 건강한 우리에게는 꽤 긴 시간이었다. 대부분 무표정한 얼굴로 식사용 턱받이를 하고 먼 곳을 응시한다.

이곳에서는 시간이 느리게 간다. 내가 원하던 방식으로 시간이 흐른다. 느린 시간 속에 빛의 속도로 이어지는 육체의 소멸이 있다.

점심식사 후 미음자로 지어진 건축물 안에서 산책을 시켜드린다. 작은 실내 정원에는 커다란 항아리 두 개가 시커먼 입을 벌리고 절반쯤 흙 속에 파묻혀 있다. 허리를 구부려 소리를 내 본다. 항아리 안에 부딪히는 소리들이 엉엉 우는 것 같다.

다음은 목욕돕기. 느티나무 1호실에는 말기암 어르신이 있다. 그분의 표정은 고통으로 일그러져 있다. 벌거벗은 모습은 마치 십자가에 못 박히신 나사렛 예수를 연상케 할 정도로 뼈와 가죽만 남았다. 목욕 후 수건으로 닦이기 전 쇄골에는 샤워할 때 물방울이 모여 작은 샘이 만들어져 있다. 어린아이가 두 손으로 샘물을 받으면 그 정도의 물을 얻을 수 있겠다.

아아, 나는 나도 모르게 엉엉 운다.

참을 수가 없다. 고통으로 일그러진 어르신의 입에 고인 침을, 뺨으로 흐르는 눈물을 따라 내가 울자 곁에 있던 요양보호사가 "그렇게 울면 이 일 못해요." 한다.

그리고는 밖에 있는 분들을 도우라는 지시를 받는다.

다시 홀로 나와서 휠체어로 이리저리 벽에 부딪히며 배회하는 어르신의 산책을 돕는다. 역시 작은 실내 정원에 와 선다. 미음자로 지어진 건물은 사면이 유리로 되어 있어서 3층에서 어르신들이 프로그램을 따라 하는 모습이 보인다. 사방이 유리벽으로 막힌 이곳은 순간 시간이 멈춰버린 듯하다. 좀 전에 나사렛 예수의 벌거벗은 몸을 본 터라 나의 감정은 고조되어 있었다.

영화 〈벤자민 버튼의 시간은 거꾸로 간다〉처럼 처음 엄마의 뱃속에서 나왔을 때와 같이 말도 못하고, 대소변도 가리지 못하며 그만 아이가 되어 버린 어르신들과의 하루가 그렇게 가고 있었다.

왜? 우는 것보다 낫지

눈물콧물 실습 중 ②

요양보호사 실습 이틀째. 실습이 끝나면 일지를 써야 하기에 앞치마에는 볼펜과 메모지를 준비하고 하루를 시작했다.

전날 휠체어에 앉아서 통 말씀을 안 하던 아흔세 살 어르신이 레크리에이션 시간에 〈고향의 봄〉을 드문드문 따라 부르는 걸 기억하고 출근하자마자 침대로 찾아가 아침 인사를 드린다.

침대 곁에는 인천중앙도서관 직인이 찍힌 걸로 보아 어르신의 따님이 빌렸을 것 같은 『내가 좋아하는 새 그림책』이라는 책이 놓여 있다.

'지금 내 앞에 누워계시는 분은 누구의 어머니일까. 그리고 이 책은 그 따님이 어머니를 위해 도서관에서 빌려 왔겠지.'

나는 허리를 구부려 어르신이 잘 들으실 수 있도록 인사를 한다.

"안녕히 주무셨어요? 저는 어제 집에 가서 더워서 잠을 못 잤어요."

말기암인 어르신의 쇄골에 고인 물을 보고는 밤새 잠을 이루지 못했다. 새로운 환경에서 전혀 다른 시간의 흐름 속에서 하루를 보낸 터라 머리, 어깨, 허리 안 아픈 곳이 없었다. 어르신께 간단한 아침인사를 한 후 오늘 하루도 잘 보내자는 의미에서 노래를 불러 드리자고 한다.

〈섬집 아기〉를 부르기 시작하자 장밋빛 피부에 너무나 하얀 머리카락의 어르신이 그때까지 입을 꼭 다물고 있다가 노래를 따라 한다. 노래 도중 사레들어서 나는 말한다.

"'이제 노래하지 말아야겠어요. 노래하면 사레가 들리시니까."

그러자 눈을 동그랗게 뜨시고 빠르게 말씀한다.

"왜? 우는 것보다 낫지."

'아, 나는 이 순간을 잊지 못하겠지. 자식들 이름도 잊고, 말하는 것도 잊어버렸다고 생각했는데 어떻게 이런 지혜로운 답을 줄 수 있을까.'

맞다. 우리가 꿈을 위해 달리다가 쓰러질지라도 꿈을 꾸지 않는 것보다 낫듯이 사례가 두려워서 그나마 잡고 있는 기억 중 하나인 노래를 부르지 않을 이유가 없다.

이렇게 즐거운 아침이 시작되고 있었다.

점심시간이 지나고 말기암 환자 어르신의 짐정리가 있었다. 5층으로 옮긴다는 걸 보니 병세가 심해져서 좀 더 신경을 써줄 곳으로 가나 보다. 대기 중인 어르신의 방에 들어간다.

박스 하나에 어르신의 모든 소지품이 담겨 있다. 침대 머리맡에 있던 성함과 낙상고위험군이라는 표식도 사라져 있다. '곧 이 침대의 새로운 주인이 오겠지.' 나는 의자를 끌어다가 앉고서 인사를 하고 두 손을 감싼다.

"에어컨 바람이 차진 않으세요? 아프신 건 좀 어떠세요?"

그러자 기다렸다는 듯이 울기 시작한다. 사람들은 이런 순간을 어떻게 견딜까.

나는 정신없이 손을 잡고 눈을 감는다. 할 수 있는 것이라고는 기도밖에 없다. 그리고 내가 알고 있는 기도란 주기도문과 성경 몇 구절을 암송하는 게 전부다.

"두려워 말라 내가 너와 함께 함이라"는 성경구절을 암송하는데 이번에도 눈물이 줄줄 흐른다.

그렇게 나와 어르신의 시간이 또 멈춰버렸다.

지구상에 오로지 어르신과 나밖에 없는 그 순간에 요양보호사님이 들어왔다.

그녀는 의외라는 듯이 "왜 여기서 울고 있어요?" 한다.

갑작스럽게 현실로 돌아온 내가 눈물을 닦지도 못 하고 요양보호사님이 지시한 업무를 하러 방을 나간다. 우울의 구덩이에 빠져 헤어나지 못할까 봐 염려하신 것일까? 점심식사 때까지 쉴 틈을 주지 않았다.

점심식사를 기다리는 동안 여름인데도 가을에 입을 법한 예쁜 빨간색 니트를 입은 어르신이 있다. 가끔 천장에 대고 소리를 지르며 싸우는데 젊었을 때 겪었던 섭섭한 감정을 표현하는 거란다. 미소 짓고 있을 때는 단지 다리만 불편해 보였는데 우리에게는 보이지 않는 사람들이 끊임없이 당신을 괴롭히는 통에 고통스러운가 보다. 나는 막 화를 내고 있는 분께 다가가서 쭈그리고 앉아 두 손을 잡는다.

"어머, 왜 이렇게 손이 따뜻해?"

"몇 살이야?"

"그럼 아이가 몇 되겠네."

 어제와 똑같은 질문을 한다. 막이 오르면 연극무대에 조명이 들어오고 무대 위의 배우가 첫 대사를 말하듯이 정말 한 자도 틀리지 않게 말하는데 좀 전에 화가 나서 허공에 욕을 한 건 벌써 잊어버린 듯하다. 즐거워 보이기까지 하다.

 다음은 산책돕기. 휠체어를 밀어 드리면서 오늘도 중정이 보이는 미음자 유리 건물 4층에서 3층 창 안으로 보이는 팬터마임과 같이 율동하는 어르신들을 바라본다.

 영화 〈45년 후〉에서 본 쓸쓸함, 인생의 공허함, 타인과 가족조차도 나와 어느 정도 거리가 생겨 이제는 어쩔 수 없는 고독, 무너져 가는 자존감 등이 미음자 유리 건물 안에 편집되어 있는 것 같다.

 '나는 아무래도 이 일을 직업으로 가질 수는 없겠지? 그럼에도 불구하고 지금을 이겨내야겠지?'

 지금 내 눈앞에 혼자서는 아무것도 할 수 없는 어르신이 있다. 내 생각 따위 중요하지 않다. 나의 따뜻한 손길로 천장에 사는 사람들과의 싸움을 중단할 수 있다면 말이다.

예쁘다니 고맙소!

눈물콧물 실습 중 ③

일반적으로 옳다고 행동하는 것 중 어떤 것은 학대에 속한다는 걸 알았다.

잠가놓은 휠체어를 팔 힘으로 몰고 다니며 선풍기를 쓰러뜨린다. 에어컨이 가동되는 문을 닫아 버린다. 잠시도 가만히 있지 않고 배회하는 어르신이 있다. 어르신들의 배변을 돕거나 간식을 준비하던 요양보호사가 어르신이 위험하지 않은지 눈으로 좇는다. 일반인들도 잠긴 휠체어를 밀기 쉽지 않은데 얼마나 팔이 아플까, 또 선풍기에 손이라도 다치시면 어쩌나 싶어서 휠체어를 못 움직이게 잠그고 붙잡고 있는 내게 요양보호사님이 말했다.

"못 움직이게 하는 것도 학대에 속하는 거예요. 자유롭게 움직이도록 두고 보호하는 게 우리들의 일이죠."

요양보호사님은 간간이 천장을 향해 고함을 치거나 화를 내는 어르신을 가리키며 한 가지 더 주의를 준다.

"혼잣말을 할 때는 내버려 두는 게 좋아요. 옛날에 쌓였던 감정 표현을 다 할 수 있도록 두셔야 해요."

사실 머릿속이 빙빙 돌 정도로 고함을 치거나 화를 내는 통에 "왜 그러세요? 화가 나셨나요?" 하고 응대할 참이던 내가 어르신의 감정 표현에 끼어드는 것 자체가 캐어가 될 수 없다는 것을 배운다.

며칠 함께한 요양보호사님은 내게 친절히 자신의 노하우를 전수한다.

"이 일은 어르신을 캐어하는 업무이기 때문에 그냥 가볍게 와서 봉사하는 것과는 달라요. 우리도 마음이 아프지요. 하지만 우리 감정 조절을 하는 것도 업무에 해당해요."

나는 운 좋게 재능 있는 요양보호사님을 만난 것이다. 다정하고 다감하며 배려할 줄 알고 정확하고 올바르게 업무를 수행하는 모습을 여러 날 감탄하며 바라보았다. 바쁜 업무 가운데 실습생인 나에게까지 신경을 쓴다.

레크리에이션 시간에 어르신들을 모시고 중앙 홀로

이동한다. 혼자서 이동이 가능한 어르신 중 한 분이 힘들어 보여서 그분의 휠체어도 밀어준다. 이것도 사실은 좋은 방법이 아니란다. 재활을 할 수 있는 분들은 스스로의 힘으로 먹고, 입고, 행동할 수 있도록 돕는 것이 우선이라고 한다. 그러므로 동정에 가까운 배려는 사실 필요가 없는 것이다.

그래도 내 행동이 고마우셨는지 어르신이 "고마워, 다른 요양보호사들은 휠체어를 밀어주지 않는데…. 난 아이가 셋이 있는데 모두 대학원을 나왔지. 먹을 줄도 모르고 입을 줄도 모르고 다 아이들 공부시켰어."라며 자신의 이야기를 들려준다.

다음은 하루 종일 휠체어를 밀고 배회하는 또 다른 어르신이 레크리에이션 테이블에 바른 위치로 앉을 수 있도록 돕는다. 실습을 나오면서 가능한 한 많은 어르신들과 접할 수 있도록 노력하리라 마음먹었지만, 어쩐지 이 어르신께는 쉽게 다가갈 수 없었다. 꼭 다문 입술, 뛰어난 미모, 게다가 그동안의 삶이 녹록치 않았으리라 짐작하게 하는 무표정한 얼굴에 새겨진 눈썹 문신이 나를 조금 두렵게 했다. 그런 어르신이 조금 전 요양보호사님들 미팅 테이블에 수박이 담긴 접시를 보더니 나에게 다가와서 먼저 말을 건다. 처음에는 무슨 말씀인지 정확하지 않았으나 여러 번 들으니 이런 말이었다.

"가서 수박 먹어."

아아, 나는 어르신의 눈높이에 맞춰 앉는다. 그리고 어르신의 두 뺨을 손으로 감싼다.

"어쩌면 이렇게 예쁘세요? 젊었을 때 미스코리아셨어요? 눈도 예쁘고, 코도 예쁘고, 입도 예쁘고 다 예쁘세요."

그러자 한참 내 얼굴을 바라보시더니 "예쁘다니 고맙소!" 하고 휠체어를 밀고 가버렸다.

오후에는 새로 입소한 어르신이 가족과 함께 오셨다. 복지사님과 보호자들의 긴 상담이 이루어지는 동안 또 다른 복지사님은 어르신 손을 잡고 "여기가 이제 어르신 방이에요. 이쪽은 화장실, 여기는 티브이가 있어요." 하며 안내를 돕는다. 어르신들이 생활하는 동선을 따라 수없이 반복하며 설명하는 동안 요양보호사들도 새로 오신 어르신을 위한 준비에 들어간다. 침대 머리맡에 이름과 주의사항을 적고 배변활동이 규칙적인지 기저귀를 해야 할지에 대해서도 차트를 보며 상담한다.

나이는 58살, 전직 디자이너. 강한 스트레스. 어떤 쇼크로 기억상실.

마침내 보호자와 이별할 시간이 다가왔다. 복지사님들의 분주함을 보니 앞으로 어르신에 대한 서비스를 어떻게 해야 할지 준비할 부분이 많은 것 같다.

 결국 실습생인 나에게 새로 온 어르신을 지키라는 지시가 내려진다. 다른 어르신들과 마찬가지로 이분에게도 극도의 배회 경향이 있다. 머리가 어지러울 정도로, 구토가 날 정도로 빙글빙글 복도와 홀을 배회하는 걸 손을 잡고 따라다닌다. 수십 바퀴째다.

 나는 손을 잡고 걸어가는 동안 어르신이라기에는 너무나 젊은 '보브 컷'의 그녀를 관찰한다. 한없이 맑은 눈이 있다. 단정한 입언저리, 거친 일은 안 했을 법한 부드러운 손. 그런 그녀가 내 손을 여학생처럼 잡고 떠듬떠듬 걷고 있다. 걸으면서 중얼댄다.

 "에이 지겨워."

 나는 지겹다는 사람이 이런 착한 억양으로 말하는 걸 처음 들어보았다. 그녀에게는 어울리지 않는 단어들이 줄줄이 나온다. "미치겠네."를 연발한다. 두서없는 혼잣말을 하는 그녀의 손을 잡고 벽에 걸린 마티스의 그림을 가리킨다.

 "마티스의 그림 좀 보세요. 사람들이 춤을 추고 있는 것처럼 보이죠?"

나는 더 이상 걷기 싫었다. 다리도 아프고 입도 마르니 어르신도 마찬가지리라. 코에 걸린 뿔테 안경을 고쳐 쓰며 그녀 또한 나와 함께 그림에 잠시 눈을 주다가 또 걷기 시작한다. 내 손을 꼭 잡고, 이젠 내 팔뚝에 그녀의 팔뚝이 걸쳐져 의지하고 있다. 나는 다시 한 번 고흐의 그림 앞으로 끌며 시도한다. 마찬가지다. 이번에는 아름다운 문양의 팔걸이가 있는 나무벤치를 손바닥으로 두드리며 주의를 환기한다.

"여기서 잠시 쉬다 가요." 그녀도 따라 앉는다. 멍하니 유리창 밖을 바라다보며 한숨을 쉰다. 돈 이야기도 한다.

무엇이 그녀의 기억을 단기간에 쓸어 가버렸을까. 이렇게 건강해 보이는데 이런 식으로 기억이 사라진 채 앞으로 30년을 더 산다면 어떻게 하지.

나는 또 울어버린다. 흐르는 눈물을 어쩔 수가 없다. 그녀가 멍하니 나를 바라보다가 한마디 한다.

"울지 마."

아, 나는 당신 때문에 지금 울고 있는 거예요. 당신의 밤과 낮을 말이죠. 그런데도 지금 절 위로하시는 건. 가. 요.

나는 주문을 걸고 싶다. 그녀의 상처가 가벼워져서 얼마 있다가 웃으며 이곳을 나가리라고. 나는 정신충격요법을 쓰고 싶다. 그녀가 자신만의 세계에서 빠져나와 다시 삶을 끌어안도록. 그러나 나는 할 수 없다는 것도 안다. 어쩌면 그 눈물은 그녀를 위해서도 나의 무능함을 위해서도 아니고 더위 때문에 지쳐서 나오는 눈물이었을지도 모르겠다.

지나가던 요양보호사님이 잠시 우리 벤치에 앉는다. 나의 모습을 걱정스럽게 바라보며 자신의 이야기를 들려주기 시작한다.

"나는 이제 울 눈물도 없어요. 부모님 다 돌아가셨고 남편도 저세상으로 갔어요."

그리고 용무가 있어 서둘러 지나가는 다른 요양보호사님을 가리키며 "저분도 남편이 가고 없이 혼자 살아요." 말한다.

그랬다. 첫날 나사렛 예수를 닮은 벌거벗은 말기암 환자인 어르신을 보고 울고 있는 나에게 "아이고, 이분도 무슨 사연이 있는가 보네." 하셨던 분이 바로 이 선생님이셨으리라.

마침내 집으로 돌아갈 시간이었다. 최 선생님께 새로 오신 어르신의 잡았던 손을 건네 드린다. 최 선생님도 어르신과 한 바퀴 돌다 온다. 나에게 가까이 오자 내게 반갑다는 미소를 보내며 손을 내미시는 어르신.

"이제 인지하신 거예요. 새로 오시면 여기가 내 집이다 하고 처음부터 시작하는 거죠."

집으로 돌아가는 나를 배웅하는 최 선생님과 어르신에게 여러 번 뒤돌아 인사를 한다.

환한 빛이 들어오는 홀에 서 계시고 나는 어두운 복도를 빠져나오는데 그분들 실루엣이 빛 속으로 빨려 들어가는 듯하다.

아무래도 실습이 끝난 후에 봉사활동을 신청해서 어르신을 다시 만나러 와야 할까 보다. 어르신의 안부가 걱정이 된다. 밤새도록 서성일 어르신의 다리가 걱정되고, 오후 내내 손잡고 있었던 부드러운 손이 그리워진다.

3부

데이케어센터에서의 하루

나는 듣고 있지 않았다. 들리지 않았다.
그냥 내 앞에 있는 제우스를 바라본다.
50년 동안 등산용품 장사를 하며
자식을 앞서 보내야했던 아버지의 마음을
헤아릴 뿐이다.

데이케어센터

노인이나 영유아를 낮 동안 돌보아 주는 일을 하는 기관이나 시설로 '주간보호센터'라고 하기도 한다. 장기요양등급은 총 5등급이 있는데 나머지는 등급 외로 구분된다. 데이케어센터는 4~5등급이 가장 많다.

노인장기요양보험 홈페이지(www.longtermcare.or.kr) 알림·자료실에는 전문자료실이 있는데 치매전문교육 동영상 자료는 물론 지남력 훈련(현실감각훈련), 주의집중력, 시지각 능력, 계산하기와 같은 인지 학습지를 다운받아서 활용할 수 있다. 인지훈련 프로그램 중에는 개구리, 까치, 매미 소리가 수록된 '소리 활동' 엠피쓰리(mp3)파일도 지원된다.

낱말카드놀이에
깃든 추억과 경험

경력단절여성을 위한 프로그램 '뷰티풀 라이프' 사업의 일환으로 나는 주 2회 데이케어센터 근무와 주 2회 재가방문요양 실습을 할 수 있도록 지원받았다. 요양보호사로서 얻을 수 있는 좋은 기회였다.

요양원에서 근무하는 동안 나는 고독했다. 아홉 분의 뮤즈와 제우스의 생과 사를 지켜보면서 3교대 근무가 갖는 한계를 느꼈다. 밤이면 사경을 헤매는 제우스를 어떻게 하면 고통에서 벗어나게 할 수 있을지 전전긍긍했다. 고민을 함께할 사람이 없었다.

낮 근무도 마찬가지였다. 프로그램에 따라 일하다 보면 어느 사이 근무시간을 마친 동료는 옷을 갈아입고 엘리베이터 속으로 사라졌다. 혼자 고민하고 혼자 결정하며 혼자 해결해야 하는 것으로부터 오는 심리적 압박감이 상당히 컸다.

그런 나에게 데이케어센터 근무와 재가방문요양 실습을 통해 다시 한 번 뮤즈와 제우스의 일상생활을 지원하고 정서적 지지를 할 수 있는 기회가 생겼다.

데이케어센터 첫째 날이 시작되었다. 오전 10시.

데이케어센터에 오자마자 물리치료실 침대에서 잠시 누워서 아침잠을 주무시는 제우스 한 분. 요양보호사님은 낱말카드를 들고서 프로그램을 진행했다. 나는 휴대폰을 잠시 꺼두었다. 지금까지 했던 그 어떤 게임보다 긴장감이 감돌았기 때문이다. 소파에 앉아 있는 뮤즈와 제우스는 무릎에 얹은 손이 움찔움찔한다. 귀를 기울이며 경쟁이라도 하듯 떠오르는 단어를 놓치지 않으려고 열심이다. 사라져가는 기억을 붙잡으려는 듯 간절한 몸짓이다.

나는 수첩에 뮤즈와 제우스가 붙잡아둔 기억을 받아 적는다.

낱말카드를 넘기자 '보'라는 글자가 나온다. 요양보호사님이 '보'자로 시작되는 단어를 먼저 말한다.

"'보'자로 시작된 단어에는 보름달이 있지요?" 하고 운을 떼자 여기저기서 외친다.

"보릿고개!"

와아~ 내가 감탄한다.

보조개, 보슬비, 보살, 보양식, 보석, 보살.

"보살은 조금 전에 나왔어요." 요양보호사님이 말한다. 잠시 침묵이 흐른다. 한 뮤즈가 외친다.

"봄이 왔네!"

"'봄이 왔네'는 받침이 있지요?" 요양보호사님이 다시 한 번 힌트를 준다. "보물이 감춰져 있는 섬을 뭐라고 하지요?"

"보물섬!"

다시 경쟁이 붙듯 보신탕에 보라매공원에 보르네오까지 나왔다. 다음 카드에는 '조'자가 쓰여 있다.

"조약!" 하고 다시 눈을 감고 있던 제우스가 외치자, 옆의 제우스가 지팡이로 거실 바닥을 한번 탁 치시며 "조선총독부" 하고 외친다. 작은 손가방을 무릎에 얹고 있던 뮤즈가 작은 목소리로 "조가비"라고 말씀하시는 걸 요양보호사님은 놓치지 않고 손뼉을 치며 격려한다. 다시 눈을 감고 있던 제우스가 외친다. "조무래기!"

조무래기를 시작으로 조수, 조조, 조명, 조리, 조달청, 조종사와 같은 단어들이 나온다.

우리가 오전 프로그램을 하는 동안 요양보호사들이 간간이 제우스와 뮤즈를 한 분씩 모시고 나가는 걸 알 수 있었다. 나중에 안 사실이지만 시간별 화장실 안내를 돕거나 물리치료실에서 발마사지를 차례로 받도록 하고 있었다.

점심시간 메뉴는 얼갈이 새싹 된장국에 오이무침, 해파리무침, 장조림에 김치가 나왔다.

점심 후 낮잠시간에 낮잠을 안 주무시는 뮤즈 몇 분은 날씨가 좋다며 요양보호사님이 차에 모시고 드라이브를 나갔다. 나의 첫 임무는 드라이브에 가지 않은 뮤즈 몇 분을 모시고 마당에 있는 벤치에서 시간을 보내는 일이었다.

아흔에 가까운 뮤즈에게 노래를 청했다. 손수건을 쥔 손으로 사양을 한다. 함께 있던 요양보호사님이 날도 좋으니 한 곡 부탁한다고 말하자 목소리를 가다듬는다. 점심 레퍼토리가 있는 듯했다.

"에헴, 에헴 가다듬어야지…. 청춘아~, 내 청춘아, 어디를 가아느냐~."

나무그늘 아래에서 시간이 천천히 흐르고 있었다. 바람이 불고 어디선가 새들이 지저귀고 뮤즈들의 박수 소리가 파란 하늘 위로 풍선처럼 자꾸만 올라가고 있었다.

따스한 가정의 일원이 된 느낌

데이케어센터는 일반 건물이 아니라 주택을 개조한 곳이었다. 이웃집에 가듯 데이케어센터에 놀러 온 기분이 드는 마당에서 낮 시간을 보내다가 실내로 들어왔다.

거실에는 제우스가 둥근 탁자에 앉아서 화투로 점을 치고 있었다. 손님이 오려는가, 돈이 생기려나, 고개를 약간 기울이고 화투패로 짝을 맞추는 제우스의 모습에 하루의 운수를 점치던 돌아가신 할머니 생각이 나서 그리워졌다.

또 한쪽에서는 하루 종일 배회하는 제우스가 알록달록한 리본을 부지런히 정리하고 있었다. 풀어진 리본을 말고 있는 동안만큼은 밖으로 나가야겠다는 생각을 잠시 잊는가 보다. 보라색, 노란색, 초록색 리본이 예쁘게 돌돌 말리는 모습이 재미있게 보여서 한두 개 말아보고 싶어진다.

낱말 게임을 하던 방에는 낮잠에서 깬 제우스가 개인 테이블 위에 신문을 펼쳐놓고 신문읽기에 여념이 없다. 그 옆에는 무릎 위에 있던 손가방을 잠시 옆으로 내려놓은 뮤즈가 만다라 도안의 색칠에 집중하고 있다. 오른손으로는 색칠을, 왼손에는 앞으로 색칠할 색연필을 가득 쥔 채. 또 한쪽에서는 제우스가 개인 테이블 위에 덧셈, 뺄셈 학습지를 올려놓고 문제를 풀고 있다. 오른손으로는 연필을 잡고 왼손으로는 셈을 헤아리는지 손가락을 접었다 폈다 하며 열심히 네모 칸을 메우고 있었다.

곁에서 지켜보고 있던 야간 담당 요양보호사님이 친절하게 설명한다.

"잔존 능력을 키워드려야 하거든요. 수 개념하고 인지하고 굉장히 관계가 깊어요. 그래서 하루에 3장씩 학습지를 푸시는데 처음보다 많이 즐거워하세요. 때로는 학습능력 스트레스도 뇌를 자극해주죠."

데이케어센터를 일주일에 2번만 이용한다는 뮤즈가 가방을 챙겨 집으로 간다.

     오후의 내 임무는 거실에 모인 뮤즈와 제우스의 여가활동을 돕는 것이다.

한국전쟁 때 군대에 지원해서 황해도에서 내려온 제우스가 테이블에 있던 그림책을 집어 들며 혼잣말을 한다.

"옛날에 다 본 것이잖아. 지금 봐도 재미있네."

한동안 미동도 않고 그림책 내용을 손가락으로 한 글자 한 글자씩 읽는다.

나는 준비해 간 색종이로 종이를 오리기 시작한다. 낱말카드 놀이 때 간이침대에서 쉬고 있던 뮤즈가 너무나 신기하다는 듯 종이오리기를 지켜보다가 빨간 머리 인형이 완성되자 집어 들며 감탄한다.

"어머나, 어떻게 이렇게 잘 오려요?"

한 손으로는 종이 인형을, 한 손으로는 가위를 쥔 내 손목을 가볍게 쥐어본다.

야간 담당 요양보호사님이 뮤즈의 장점을 소개한다.

"어르신은 색칠을 참 잘하셔요. 그치요? 제가 매일 색칠하신 그림을 모으고 있어요. 나중에 전시하려고요."

순간 내 곁의 뮤즈는 치매에 걸린 뮤즈가 아닌 화가 뮤즈였고, 전시를 앞둔 작가가 되었다.

종이오리기로 뮤즈들의 관심을 얻은 내가 나와 같은 아파트에 산다는 뮤즈의 손에 가위와 색종이를 건넨다. 뮤즈의 크고

두툼한 손이 색종이를 두 번 접더니 가운데를 싹둑 자른다. 색종이 안에 마름모의 구멍이 생겼다. 늘 손가방을 들고 다니는 뮤즈가 마름모가 생긴 색종이를 조심스럽게 가져다가 흰 종이 위에 올려놓고 작은 마름모 안에 은방울꽃 같은 작은 꽃을 그려 넣는다.

청춘을 돌려달라고 노래하던 아흔의 뮤즈가 곁에서 내 왼손을 꼭 잡고 앉아 있다.

우리는 같은 공간에서 저마다 하고 싶은 일을 하며 오후 시간을 보내고 있었다.

요양원에서 상실되어 갔던 뮤즈와 제우스에 대한 사랑이 회복되는 걸 느낄 수 있었다. 이런 기분은 뭘까. 평생 이루려고 했으나 이룰 수 없었던 따스한 가정의 일원이 된 느낌이 든다.

제일 좋은 약은
사람이다

고모인 나와 할머니 손에서 자란 큰조카는 외로움을 많이 탔다. 결혼을 할 수 있을 거라는 기대로 아이를 낳았지만, 사랑은 떠나고 혼자 아이를 키워야 하는 상황이 되자 큰조카는 방황하기 시작했다.

나는 인정해야만 했다. 비정규직인 큰조카가 혼자 힘으로는 아이를 기르기 벅차다는 것을. 그리고 결정해야만 했다. 남동생의 아이들을 돌보았듯이 큰조카의 아이를 안정된 환경에서 사랑으로 돌봐야 한다는 것을. 이렇게 해서 손자와의 생활이 시작되었다.

손자가 폐렴을 앓고 입원을 하는 동안 10월 들어 벌써 세 번 결근을 하게 된 나는 센터와 상의하여 토요일 근무를 하기로 결정했다.

혼자 아이를 키우며 직장생활을 할 때, 아이가 아프면 사람들은 어떻게 하나. 아이가 입원이라도 하게 되면 생활 전체가 흔들린다. 아니 아이뿐만 아니라 가족 누군가가 아프게 되면 우리의 삶은 예측할 수 없는 비상경계 태세로 진입하게 된다.

경력단절여성을 위한 프로그램 '뷰티플 라이프' 프로그램 일환으로 시작한 데이케어 실습은 특별한 사정없이 3회 이상 결근하면 안 된다.

태풍이 온다더니 도시는 비에 젖었다.

오늘 내가 입은 청 앞치마는 스물세 살부터 사용해서인지 이젠 앞치마가 몸의 일부로 느껴진다. 앞치마를 두르면 나는 무엇이든 할 수 있다. 앞치마는 나의 방패요, 삶을 살아가는 도구며, 물감을 사용할 때는 작업복이고 물에 젖은 손을 닦을 때는 오래되어서 나긋나긋해진 널찍한 수건 대용이기도 하다. 이 앞치마만 있으면 나는 두렵지 않고, 멋을 내지 않아도 멋있어지고, 시내 어디를 활보해도 폼이 난다.

토요일이고 비가 내리고 있어서 데이케어센터의 아침이 분주해 보이지 않는다.

오늘 정원은 모두 일곱 분의 뮤즈와 제우스. 가능하면 뮤즈와 제우스의 손을 잡거나 무릎을 마주하고 인사하기. 평상시에는 눈을 감고 있는 제우스의 곁에 다가가 세례명을 부르자 미소 짓는다. 투박한 손가락이 반가운 듯 하나 둘 셋, 건반을 치듯 무릎 위에서 움직인다. 나와 같은 아파트에 사는 뮤즈와도 인사하고 아들이 대구에서 직장을 다닌다는 뮤즈와도 인사를 나눈다.

토요일에만 봉사를 온다는 청년과도 눈인사를 한다. 뮤즈들의 시선은 청년에게서 떠나지 않는다. 그가 방안의 주인공이다. 고흐의 〈감자먹는 사람들〉에서 등을 보이고 앉은 중앙의 소녀가 가난한 저녁 식탁에 모여 앉은 가족의 희망이고 별이듯 뮤즈들에게는 장성한 손자와 같이 든든하기만 하다.

나에게 주어진 첫 임무는 가벼운 체조였다. 처음으로 프로그램 진행을 맡긴 요양보호사님은 복지사로 근무할 적에 일본 요양원 견학이 인상적이었다고 한다. 나는 앞치마에서 몽당연필과 수첩을 꺼내 잊지 않도록 메모를 해둔다.

"인상적이었던 건 어르신들이 몸 관리가 잘 되어 있어서 뚱뚱하신 분이 많지 않았던 거예요. 그건 곧 요양보호사들이 캐어할 때 육체적인 부담이 덜 하다는 의미도 있어요. 그리고 프로그램에 그렇게 얽매이지 않아요. 개인 시간이 많다고 할까요. 프로그램을 진행하더라도 우리처럼 대규모로 하기보다 소그룹별로 하는 게 특징이에요. 강사분도 두세 분씩 그룹으로 진행하니까 집중할 수 있지요. 시간도 길지 않아요. 10분에서 15분 정도. 30분이 넘지 않지요. 배변이나 배뇨 같은 화장실 문제도 있으니까요."

이웃나라 요양원의 장점을 들려 준 요양보호사님이 뮤즈와 제우스 곁에 의자를 가져다주었다.

조금 떨리지만 건강체조 프로그램 시간에 메모해둔 것을 한 번 훑어보고 시작한다.

"기체조를 하듯이 손을 한번 모아주시겠어요?"

뮤즈와 제우스의 주름진 손이 가슴 앞에서 모아져 있다.

"제가 일본에서 유학을 할 때였어요. 가난한 집 딸이 집에서 보내주는 생활비는 턱없이 부족해서 설거지 아르바이트로 10시간 일하고 공부는 2시간 밖에 못 하던 시절이 있었어요. 그런 유학시절 새벽에 잠이 깨서 산책을 나갔다가 넓은 공원에 일본의 할머니, 할아버지들이 모여서 기체조를 하는 걸 발견했어요. 새벽안개가 낀 숲속에서 손가락을 이렇게 모으는 것만으로도 몸의 나쁜 기운이 나가고 좋은 기운이 들어

오고 있다는 기분이 들어서 참 신기했던 기억이 나요."

여기까지는 괜찮았나 보다. 나는 무엇을 하든 들어가는 말이 중요하다고 생각한다. 라디오 DJ가 시그널 음악을 배경으로 말을 할 때처럼, 직장에서 일을 마치고 집으로 와서 가족들에게 건네는 첫 대화라든지, 상대방에게 누군가 소개를 할 때의 언어는 공을 들여야 한다고 생각한다.

"오늘 함께 손체조를 끝내고 제일 잘 하신 분께는 상품이 있어요."

앞치마 주머니에서 손자의 간식으로 사둔 사탕을 꺼낸다. 집에서 손자의 사탕을 상품으로 가져왔다니까 봉사를 온 청년부터 모두 깔깔 웃는다.

"자, 그럼 손을 마주하고 한번 비벼볼까요?"

손을 비비면서 나는 계속 말을 한다.

"나이 들면 혈액순환이 안 되잖아요? 이렇게 비비고 있으니까 몸이 따뜻해지는 것 같지 않으세요? 다음은 박수를 열 번 쳐보세요. 하나 둘 셋. 자, 이제는 따뜻해진 손으로 자신의 몸을 쓰다듬어 줄 거예요. 머리를 이렇게—나는 셀프리더

십 강사 천비키의 멘탈 명상에서 배운 것을 응용한다—쓰다듬어 주세요. 머리를 쓰다듬어 주시면서 '누구누구야, 몸이 아프고 피로하지?' 하고 자신의 몸과 대화를 나누어주세요. 그리고 이렇게 말씀해주세요. '그동안 자식들 공부 가르치고, 돈 벌고, 일하느라 너무 수고 많았다. 너는 훌륭하다, 훌륭하다.'라고. 다음에는 자신의 **뺨**을 쓰다듬어 주세요. '오늘은 내가 다리도 아프고 허리도 아프고 이곳저곳 안 아픈 곳이 없지만 이렇게 **뺨**을 쓰다듬고 있으니 기분이 좋구나.' 자신의 어깨도 안아주세요. 어깨를 쓰다듬으면서, 배도 쓰다듬고, 다리도 쓰다듬고, 마지막에는 발도 쓰다듬으면서 이렇게 말씀하세요. '늘 자식 걱정하느라 힘들었지, 끊이지 않는 돈 걱정도 건강 걱정도 모두 다 발 밖으로 나가거라. 마음이 고단하고 아팠지? 그 고단하고 아픈 것 모두 다 밖으로 나가거라.' 이제 마지막으로 박수를 열 번 칠 텐데, 박수를 친 후에는 누가 제일 잘 했는지 손가락으로 가리켜주세요."

박수를 친 후 사방으로 손가락들이 얽히는 가운데 오늘의 게스트인 봉사 청년에게 사탕 하나를 건네자, 뮤즈와 제우스는 물론 사탕을 받아든 청년이 무슨 상장을 받듯 기뻐한다.

이렇게 해서 짧았지만 내게는 길었던 프로그램 진행이 끝났다.

점심식사 전까지 20여 분이 남았는데 그 남은 시간 동안 봉사 온 청년은 개인용 소파만 한 공으로 프로그램을 진행한다. 뮤즈와 제우스의 공굴리기 시간. 대부분 앉아서 생활하는 분들에게 좋겠다 싶다.

거실 한가운데에 커다란 공이 데굴데굴 굴러가면 얌전한 뮤즈가 발은 들지도 않고 발목으로 톡 쳐준다. 청년이 거실 한가운데 서버린 공을 살짝 굴리면 퍽 하고 건강한 뮤즈가 다시 청년 앞으로 차고, 공은 청년에게서 제우스로, 제우스에게서 뮤즈로 공평하고 경쾌하게 거실을 굴러다닌다.

오늘 우리가 굴리는 이 공은 뮤즈와 제우스가 자식 걱정, 건강 걱정으로 굽은 등을 잠시 펴주고 있었고, 적극적으로 하나의 놀이에 참가함으로써 서로가 공감할 수 있는 따스한 공기를 만들어 주고 있었다.

리듬을
타는 거야

　　　오후 간식시간이 끝나고 요양보호사가 수건돌리기를 하듯 소파 뒤에 서서 제우스와 뮤즈들의 어깨에 가볍게 손을 얹으면 차례차례 지팡이를 짚고 일어나서 화장실에 가지.
리듬을 타는 거야 물 흐르듯이.
점심식사 후 침대나 소파에 누워서 가볍게 낮잠을 주무시도록 자리를 봐 드리고 얇은 담요를 덮어드리지.

　　　아들과 함께 사는 제우스는 아들이 출근할 때 함께 나와 아침 8시쯤 도착해서 저녁식사를 먹고 집으로 돌아가지.
12시간에 가까운 집 밖에서의 생활이 고단할 만도 한데 늘 웃는 제우스는 자신의 지정석인 소파에서 하루 종일 졸린 듯 앉아있는데, 새벽 4시에 일어나서 집 앞에 있는 성당에서 새벽미사를 보고 와서 그렇다고 해. 새벽 4시 일어나니 오후 1시

낮잠은 그야말로 꿀잠, 꿈의 잠.

그의 하루에도 리듬이 있어.

그의 세례명은 마테오. 마테오의 애창곡은 〈대머리 총각〉. 오후 음악이 흐르면 귀를 기울이고 있다가 크게 따라 부르지.

"여덟 시 통근길에 대머리 총각. 오늘도 만나려나 기다려지네."

마테오의 대머리와 두 개 남은 앞니가 반짝 빛나 보일 때가 그때야. 행복한 미소. 개구쟁이 미소를 지으며 매일매일 대머리 총각을 따라 부르는데 얼마나 신나 보이는지 몰라.

눈꺼풀이 내려앉아 멋진 눈동자를 마주칠 수는 없지만, 곁에 앉아서 인사를 드리면, "고마워요."라고 하시는데 나까지 매우 유쾌해져.

다음은 이야기의 달인인 제우스. 그가 인사할 때는 매번 아이처럼 달려가 안아드리고 싶어지지. 그의 하루 리듬은 아침 일찍부터 데이케어센터에 오느라 못다 한 아침잠을 침대가 있는 방에서 10시까지 주무시다가 나오는데 그때 나와 눈이 마주치기라도 하면 십년지기를 길에서 마주쳤다는 듯이 양팔을 벌려 반기지. 아, 지금부터 그리워지려고 하네.

그 순간만큼은 자신의 불편한 다리를 끌지도 않으며 지팡이가 허공에 떠 있지. 그가 이야기보따리를 풀어낼 때 늘 하는 말이 있어. 신사답게 묻곤 하지.

"내가 재미있는 이야기 할까요?"

그리고는 영원히 계속될 것 같은 이야기가 이어지는 거야.

"내가 학교 다닐 때는 외정 때, 입학할 때 시험보고 들어갈 때에요. 선생이 일본인이라고요."

내가 더 듣고 싶어서 침을 꼴깍 삼킬 때면 아쉽게도 다른 볼일이 생겨 자리를 떠야 하지.

제우스는 전문적인 지식도 내게 전수해주고 싶어 해.

"갈색1, 적색2, 오렌지2, 노란색4, 녹색5, 청색6, 자색7, 회색8, 흰색9."

지금은 필요하지 않지만 예전에 연구실에서는 필요했을 컬러 코드를 중얼거릴 때 창가에 석양이라도 지면 말도 못 하게 쓸쓸한 표정이 되지. 나는 그런 제우스의 어두운 표정을 좋아하나 봐. 그런가 봐.

제우스의 불편한 다리에 손을 얹고 이렇게 제안하지. 패티킴 노래 틀어드릴까요? 제우스가 좋아하는 패티킴의 〈초우〉가 흐르는 동안 제우스의 눈에 감동의 이끼가 가득 끼는 걸 보여줄 수만 있다면…. 아름다운 눈동자가 흔들리는 동안 그는 인생의 가장 화려한 순간을 살고 있지.

슬슬 집으로 돌아가야 할 시간이 되어서 대화를 마무리하고 일어서려는데 그가 날 올려다보며 부산 피난시절에 영화관에 갔었는데…. 하고 말을 꺼내시면 일어나려던 내가 다시 엉덩이를 붙이지.

"피난 시절에 영화를 보셨다구요?"

이야기를 재촉하듯 고갯짓을 하면, "아, 그럼요. 인간이 어려울수록 어떤 새로운 것을 찾잖아요. 그 영화 이름이 뭐였더라. 영화관에서 처음 익혔던 말이 있었는데." 하지.

이런저런 흑백영화를 떠올리던 내가 "당신의 눈동자에 건배, 카사블랑카요?" 하고 묻는다.

"아니, 그 배우, 〈바람과 함께 사라지다〉에서 나온 배우가 나왔었는데."

"〈바람과 함께 사라지다〉라면 클락 게이블이요? 비비안 리요?"

"맞아, 비비안 리가 나왔던 영화."

손자를 어린이집에서 데리고 와야 할 시간이 가까워졌어. 자리를 털고 일어서자 나의 몸짓언어를 읽으신 세련된 제우스가 한쪽 손을 들어 인사를 해.

"그 영화에서 내가 처음으로 배운 영어가 있어요. 노땡큐!"

제우스와 나누는 작별 인사에 노땡큐라니. 어색하지만 나도 '노땡큐' 하며 중얼거려. 흠 좋군. 어쩐지 멋스럽기도 하고.

거절의 이유를 구구절절 설명하지 않아도 좋을 것 같아. 피난시절 익혔다는 제우스의 '거절의 언어'를 접수한 나는 이제는 더 이상 시간이 없다는 듯 옷장이 있는 방으로 종종걸음 치지.

다 똑같이 대하지 마세요

데이케어센터에 중증 치매를 앓는 뮤즈가 새로 왔다. 단기 기억이 사라지기에 어제 만난 얼굴도 낯설어한다. 문만 열리면 나가려고 하고, 나간 뒤로는 직진만 하기에 집으로 돌아오는 길을 잃는다는 이 뮤즈와 짝이 되어 하루를 보냈다.

소파 뒤에는 뮤즈와 제우스의 이름표가 있다. 빈자리에 새싹 뮤즈의 이름표도 붙어 있다.

"저기, 내 이름이 있네."

"예, 초대받으셔서 오신 거예요."

잠시 자신의 자리에 앉아본 후 가방을 챙기며 일어선다.

"가야겠어."

나도 따라 일어선다.

새싹뮤즈가 익숙해질 때까지 이런 상황은 반복될 것이다. 거실로 장소를 옮기자 조금 안정되어 보인다. 거실 탁자의 의자를 빼 주자 앉으신다.

"내 고향은 평양이에요. 아버지께서 이념을 비판하는 책을 쓰셔서 한국전쟁 때 도망 나오셨죠. 아버지께서는 왜 날 '소셜 워크'를 전공하게 하셨을까요. 나는 이대를 나왔어요. 어머니는 욕을 하셨어요. '샹노무 에미나이 새끼들아.'하고. 난 속으로 '어머니가 싫어, 어머니가 싫어.' 그랬어요. 한번은 어머니께 언니들이 물었어요. '왜 우리들에게 욕을 하느냐'고. 그랬더니 그게 교육인 줄 아셨대요. 나한테 언니 둘이 있었는데 다 미국 가버렸어요. 난 여기 남았고. 내가 집을 지켜야지. 어머니, 아버지를 내가 모셔야겠다고 생각했어요."

갑자기 정신을 차린 듯이 다시 일어나며 집에 가야겠다고 한다. 뮤즈의 팔에 얹었던 손에 살짝 힘을 실으며 내가 말한다.
"어머, 점심 드시고 화장을 고치지 않으셨네요. 립스틱이 다 지워졌어요."
"그래요?"
뮤즈가 가방에서 립스틱을 찾는다. 내 거라도 빌려드릴까

하고 물으려는데 가방에서 립스틱이 나온다. 뮤즈를 거울로 안내한다. 뮤즈가 화장을 고칠 동안 잠시 기다려준다.

립스틱을 곱게 바른 뮤즈가 웃으며 다시 집으로 가야겠다고 한다. 함께 팔짱을 낀 채 내가 말한다.

"다 돌아가시고 너무 쓸쓸했겠어요. 언니 둘도 다 가버리고."

고개를 끄덕이던 뮤즈가 갑자기 생각났다는 듯 말씀한다.

"노인들도 자기 하고 싶은 것이 있잖아요? 간섭을 안 하는 게 좋다. 쉬고 싶으면 쉬고, 놀러 나가고 싶으면 나가고. 늙어서 자기가 할 수 있는 거 뭐가 있겠어요. 아장아장. 길을 걷다 아이들이 있으면 귀여워서 쳐다보고. 이건 내 경험으로 말하는 거예요."

나도 뮤즈의 말씀에 동의하며 고개를 끄덕인다.

온종일 뮤즈와 대화하는 동안 나는 그녀의 삶에, 그녀의 가치관에 동화된 걸 느낀다. 어머니가 미웠고 아버지를 잃은 상실감으로 괴로워하는 딸이 되어버린다.

그때 정기적으로 이루어지는 인지테스트 서류를 가지고 온 동료가 뮤즈에게 질문을 하기 위해 앉으시길 권하는 말투가 사무적으로 느껴진다. 이럴 때는 내가 자리를 피해드려야 하는데 자리를 피할 순간을 놓쳐서 뮤즈와 하나가 되어 자리에 앉는다. 뮤즈의 입장에서는 낯선 사람의 질문을 받게 된 것이다.

뮤즈가 거부의 몸짓을 한다. 뮤즈 이외의 다른 분들도 돌봐야 하는 동료로선 시간에 쫓기는 기분이 들었나 보다. 뮤즈의 의사를 알아차리지 못한다. 어렵게 인지테스트를 마친 뮤즈가 내 쪽을 보며 한마디 한다.

"괘씸하네!"

"불편하다!"

"점잖게 나오다가 막말이 나오는 거예요. 후훗."

마치 구호를 외치듯이 강조하고 나서 아주 개운하다는 듯이 웃는다.

거실을 또 한 바퀴 돌고 처음과 같은 이야기를 두 번, 세 번 듣는 동안 뮤즈의 인생이 대한민국의 역사라는 걸 알게 된다. 해방, 한국전쟁, 피난 생활, 고향을 떠나 살아야 했던 실향민의 삶이 얼마나 고단했을까 싶었다.

그냥
내버려 두세요

 대부분 시간을 혼자 보내는 제우스가 앉아 있는 곳은 둥근 협탁 옆 팔걸이가 있는 의자다.

 그가 의자에 앉아있을 때면 아무렇게나 벗어놓은 외투가 의자의 실루엣을 따라 늘어져 있는 것만 같다. 그러니까 그곳에 늘 있는 의자와 같은 정물 같다고나 할까. 어쩌면 배려이기도 했다. 그 자리에 가만히 쉬게 내버려 두는 것은—그러나 계속 내버려 둘 수만은 없다.

 하루 종일 낮잠을 주무시면 무기력해지므로 뮤즈와 제우스들이 시간을 보내는 방으로 안내한다. 이곳에서 힐링 체조와 단어 게임 같은 프로그램을 진행하는데 제우스는 팔, 다리도 움직일 수 없을 만큼 지쳐 보였다. 그냥 내버려 두길 원했다.

 데이케어센터 엘리베이터에서 보행기에 의지해 그가 올 때면 한발 한발 내딛는 다리의 관절이 일제히 비명을 지르는 듯

하다. 위태롭다. 조심스럽다. 보행기를 든 팔이 반보 정도 앞으로 나간 후, 손에 힘을 주고 있는 동안 피노키오의 발처럼 따로 노는 발이 당겨진다. 아무도 도와줄 수 없고, 오직 스스로 이동해야 하는 것이다. 마침내 협탁이 있는 지정석에 다다르면 그는 기다렸다는 듯 털썩하고 몸을 던진다.

그런 그에게 오늘 동료 요양보호사와 간호조무사, 사회복지사가 번갈아 다녀갔다. 데이케어센터를 이제 그만 나오겠다고 했나 보다―제우스가 데이케어센터에 와 있는 동안 남편 병간호에서 잠시 숨을 돌릴 수 있던 아내는 다시 몸이 불편한 남편 밥상을 준비해야 할 것이다. 아내도 이미 노인이라 누군가의 도움이 필요할 연세다.

협탁이 있는 제우스의 자리에 모였던 데이케어센터 관계자들이 하나둘 자리를 뜨자 또다시 제우스는 의자와 함께 정물이 되어버린다.

사실 나는 제우스의 목소리가 듣기 좋았다. 그가 '나는…' 하고 이야기를 시작할 때면 〈아라비아의 로렌스〉에서 파이잘 왕자 역을 맡은 알렉 기네스가 연상되고는 했다. 느리고 잔잔하며 조금은 뒷말을 끄는 듯한 저음의 목소리는 사람을 안심하게 하는 능력이 있다. 오늘도 나는 제우스의 목소리에 의지하여 하루를 보낼까 싶어 다가간다.

"모자의 배지들은 다 뭐에요?" 하고 내가 묻자 협탁에 벗어 놓은 모자를 들어 보이신다.

"이건 육이오 참전 용사고, 이건 화랑무공훈장."

"와, 배지 하나로 인생을 알 수 있네요."

내가 감탄하자 특유의 저음으로 느리게 말씀한다.

"내가 52년도 입대를 했어요."

나는 고개를 크게 끄덕인다.

"국가공로 많은 사람에게 주는 건데, 근무 중에 공비토벌작전 중에 공을 세웠다고. 난 50년 동안 등산용품 장사를 했어요. 장남이 일본에 있는 은행으로 파견 나가 있었는데 거기서 2년 만에 암으로 죽었어요."

난 지난번에도 들으며 가슴이 아팠지만, 또 한 번 가슴이 아파져 제우스의 손을 꼭 잡아본다. 거칠고 투박한 제우스의 손은 참 따뜻하다.

"며느리와 손자가 있었는데 손자는 대학까지 내가 대줬어요."

"며느님과 손자는 자주 찾아오나요?"

무심결에 자식들의 안부를 묻는 나.

"그게 문제예요. 무엇에 마음이 틀어졌는지. 요새 들리는 애기로는…."

　나는 듣고 있지 않았다. 들리지 않았다. 그냥 내 앞에 있는 제우스를 바라본다. 50년 동안 등산용품 장사를 하며 자식을 앞서 보내야 했던 아버지의 마음을 헤아릴 뿐이다.

　"그렇군요. 그래도 너무 서운해하지는 마세요. 광에서 인심 난다고 살기 좋고 넉넉하면 자주 찾아뵐 텐데 손자도 자식들 키우고 먹이고 입히느라 정신이 없어서 그럴 거예요."

　제우스의 따뜻한 손을 잡는다. 커다랗고 둥근 제우스의 눈이 협탁 곁의 벽을 바라본다. 몇 분이 흘렀을까 문득 생각이 났다는 듯이 나에게 묻는다.

　"화요일 하고 수요일에만 오지요?"

　"예." 내가 대답한다.

　"가서 일봐요."

　제우스의 목소리는 매우 운치가 있다. 게다가 극적이기도 하다. 먼저 간 자식과 찾지 않는 손자의 이야기를 하던 제우스가 눈앞의 나를 걱정해 주고 있다.

　"이렇게 대화하는 게 제 일인걸요. 저는 이렇게 어르신들과 대화를 하고 있으면 많이 배워요. 아, 엄마에게 잘 해드려야겠다. 맛있는 것도 많이 해드려야지 하고요."

나의 알렉 기네스, 파이잘 왕자가 눈을 감으며 씨익 웃고 있다. 이제는 좀 쉬겠다는 표시다. 나는 조용히 자리를 피한다.

나중에 복지사로부터 전해 들은 이야기로는 둘째 아들이 귤 한 상자를 들고 데이케어센터를 다녀갔다고 한다. 아버지를 잘 부탁합니다, 하고. 아들 대신 귤이 우리들 입안에서 톡톡 터지며 달달한 오후를 만들어 주었다.

4부

재가방문의
날들

흐트러진 머리카락을 쓰다듬으며 눈을 바라보는데
뮤즈의 눈이 울고 있다.
나는 우울해… 살기 싫어… 하는 눈빛이다.
그 눈빛을 가슴에 오래 담으면 나조차 우울해질 것 같아
아침 햇살이 쏟아져 들어오는 창문으로 시선을 옮겼다가
다시 볼에 손을 가져다 댄다.

재가방문

장기요양요원이 수급자의 가정 등을 방문하여 신체활동 및 가사활동 등을 지원하는 요양보호 방식.

한 가지 죽만 드시면 질릴까 봐서요

103호 남자들 ①

월요일 아침, 손자를 어린이집에 등원시키고 동심빌라 103호 앞에 서서 벨을 누른다. 10시 10분 전, 현관문이 열린다. 야근을 마치고 온 사십 대 남자다. 뮤즈의 아들이다.

요양원 근무를 그만두고 3개월 만에 재가방문 요양보호사로서 만난 뮤즈에 대해서 아는 것이라고는 경증 치매에 근무력증으로 누워 계시고 뮤즈의 간호는 가벼운 치매를 앓고 있는 남편과 아들이 하고 있다는 것뿐이다.

초승달처럼 여윈 남자는 엄마의 방에 눈길 한 번 주고 어렴풋한 미소로 아침 인사를 대신한 채 방으로 들어가 버린다. 야근을 마치고 돌아와서 잠을 자기 위해서다.

방에 들어서자 뮤즈의 머리맡에 붙여둔 추억의 사진들이 제일 먼저 눈에 들어온다. 활짝 미소 짓고 있는 20대의 아들 사진과 역시 활짝 웃고 있는 부부의 정다운 사진이 액자에 담겨 있거나 벽에 붙어 있다.

뮤즈의 방에는 텔레비전이 없다. 아니 그 집 어디에서도 텔레비전 소리가 나지 않는다. 야근하고 돌아온 아들을 배려한 것일까, 예전에도 텔레비전이 없는 생활을 선호하셨는가. 어쩐지 그럴 것 같다. 조용한 실내에서 나는 소리라고는 내가 움직이면서 내는 소리가 전부다.

누워 있는 뮤즈에게로 가서 손을 잡으며 인사를 한다. 뮤즈 또한 반가운 얼굴로 맞이한다.

"얼굴이 환해서 좋아." 뮤즈가 말한다.

"안녕하셨어요?"

나도 인사를 하며 에코백에서 바나나를 꺼내드린다.

지난번 방문 때 뮤즈는 점심으로 내온 죽의 반도 먹지 못했다. 사느냐죽느냐 망설이고 있는 듯한 뮤즈의 눈동자. 그녀의 눈동자를 꼭 붙잡고 싶다. 초인종 소리가 났다. 동료 요양보호사님이 왔다.

아침 인사를 마친 내가 젖은 수건으로 뮤즈의 얼굴, 손과 팔다리를 닦는다. 낯선 이의 손이 닿을 때마다 뮤즈의 몸이 긴장하는 것을 느낄 수 있다. 다음은 로션을 바른다. 숨이 죽은 베개를 빼서 턴다. 그러는 동안 뮤즈의 남편이 산책에서 돌아왔다.

동심빌라 화단에서 자란 무화과 열매를 따다 접시에 담아서 먹으라고 준다.

이 집 남자들은 어떻게 이리 눈이 예쁜가. 지난번 목욕 수발 때 뮤즈의 아들은 휠체어에 탄 엄마에게 '엄마'라고 부르며 웃었다. 그 목소리며 눈빛이 얼마나 다정한지 아침에 어린이집에 데려다주고 온 손자 생각이 날 정도였다. 무조건적인 사랑을 받고 있는 아이에게서 나는 목소리로 사십 대의 남자가 엄마를 불렀다.

"엄마, 이제 목욕할 거야."

이 목소리를 어디에서 들은 것도 같다. 막내조카가 할머니를 부를 때 내는 소리와도 닮았다. 여기저기 앓는 할머니의 통증을 안타깝게 여기는 막내조카의 목소리에서 묻어나는 한없이 안타깝고 애정이 깃든 목. 소. 리.

그런데 이번에는 뮤즈의 남편. 치매 초기라서 당신도 누군가의 보호가 필요할 노인이 자신의 아내를 바라보는 눈빛이 아들의 눈빛과 다르지 않다.

마침 기저귀를 갈고 있는 우리들 등 뒤에서 그가 신음소리에 가까운 소리를 낸다.

아내의 꽁무니뼈 부분에 붉은 물집이 잡힌 것을 본 것이다.

노인은 소리가 되어 나오지 않도록 울음을 삼킨다. 목에서 꺼억꺼억 새가 우는 소리가 난다.

나도 따라 울고 싶다.

다행히 뮤즈는 우릴 못 본 체 벽을 보고 누워있다. 하루 종일 기저귀를 하고 같은 자세로 있으면 이렇게 물집이 잡히기 쉽다. 2009년부터 일한 동료 요양보호사님이 기저귀를 열어놓고(상처 난 부위에는 통풍이 최고다) 우측으로 체위변경을 해준다.

나는 준비한 노트에 메모를 한다. 야근 근무를 마치고 돌아온 아드님과 소통하기 위해서는 아무래도 노트가 필요할 것 같아서다.

아드님께

전달 사항

어머님을 수발하시느라 수고 많으십니다. 앞으로 전달사항이 있으면 이 노트에 적어주세요.

'듀파락'을 가져와 봤어요. 이 약은 저희 할머니께서 변비로 고생하실 때 처방받았던 약입니다. 약의 효능이 적힌 설명서도 참고하세요. 어머께서 알약을 삼키기 어려워하시던데 다음에 약을 처방받을 때 상담하셔서 약국에서 약을 빻아오도록 하시는 게 어떨까요?

- 요양보호사 드림

메모를 마치고 방 청소를 한다. 지난밤 드시다 남긴 두유를 버린다, 물병을 닦는다. 방바닥을 걸레로 닦는다. 침대 여기저기에 흩어져 있는 빠진 머리카락을 줍는다. 체위변경으로 벽을 보고 누워있는 뮤즈 곁에서 요양보호사님과 나는 뮤즈의 발과 등을 두드리거나 주물러드린다. 피부를 자극해서 혈액순환을 돕기 위해서다.

이윽고 점심시간. 죽을 준비한다. 사 온 죽이다. 죽을 매번 사드신다면 너무 지출이 클 것 같다. 요양보호사님을 돕는 실습생 입장이기에 남는 시간에 내가 죽을 만들어드릴 수도 있는데…. 동료로부터 조언을 구한다.

"좋은 생각이기는 한데 처음에는 서비스를 하는 입장도, 서비스를 받는 입장도 서로 관찰이 필요한 거예요."라고만 말했다.

다른 요양보호사님께도 조언을 구한다. 누구나 비슷한 살림에 간병하는 동안 기저귀며, 치료비며 기타 등등 지출이 많을 텐데 죽까지 사드리면 너무 부담되지 않을까 하고 물었다. 그런 질문에 요양보호사님은 잠시 생각에 잠겨 있다가 말했다.

"사람마다 다 다르거든요. 보호자가 간섭으로 느낄 수도 있어요."

무지한 나는 그 말을 귀담아듣지 못하고 기어코 뮤즈의 아드님께 물었다. "제가 죽을 좀 만들어 드리면 어떨까요?"

돌아온 대답은 이랬다.

"괜찮아요. 한 가지 죽만 드시면 질리실까 봐서요."

과연 그런 깊은 뜻이 있다는 걸 난 왜 몰랐을까! 생각이 짧은 내가 한없이 부끄러워졌다.

더 해주는 것보다
덜 해줄 용기

103호 남자들 ②

산책에서 돌아온 제우스가 모자를 벗으며 인사를 건넨다. 낮에는 야근에서 돌아온 아들이 도와주지만, 밤이 되면 뮤즈의 병수발을 드는 것은 온전히 제우스의 몫이다. 경증 치매를 앓는 제우스의 야윈 어깨를 가을 잠바는 가려주지 않았다. 나는 집에서 가져온 고구마를 제우스의 손에 건넨다. 가벼운 허기를 가시기에 좋은 간식을 드릴 수 있으면 얼마나 좋을까. 그러나 이런 사소한 도움도 조심스럽다. 음식 잘못 먹고 탈이라도 나면 아니 드리느니만 못 하기 때문이다. 그러나 나는 고집스럽게 실습일지를 담은 봉투에 적어두었다. 할 수 있는 한 나누자고.

타인의 손을 잡을 때는 용기가 필요하다. 그것이 어떤 도움의 손길이라고 할지라도 받는 편에서 불편하면, 손자가 놀이를 할 때 자주 하는 말처럼 '땡'이다. 그 순간 서로의 감정이 얼음처럼 얼어버리기 때문이다.

  선배 요양보호사님이 보내준 성당 주보에는 마침 이런 글이 있었다.

> '사랑은 더 해주는 것보다 덜 해줄 용기가 필요한지 모른다.'라는 말이 있습니다. 무엇인가를 하는 것도 용기지만 무엇인가를 하지 않는 것도 용기입니다. 더하는 것만이 능사일 수 없습니다. 때로는 빼내는 것이 더 큰 용기이고 지혜입니다. 누군가 그랬습니다. 사랑은 상대방이 좋아하는 열 가지를 해주는 것보다 상대가 싫어하는 그 한 가지를 하지 않는 것인지 모른다고 말입니다 ― (중략) ― 해서 사랑도 지혜와 분별이 필요합니다. 더 해주는 것만이 사랑일 수 없습니다. 덜 해주는 용기가 필요한 것이 사랑일지 모릅니다. 사랑은 때때로 덧셈에 있지 않고 뺄셈에 자리하는 것이기도 하니까 말입니다.

  요양보호사를 하면서 잊지 말고 안고 가야 할 문장이라고 나는 생각했다. 그러나 생각과 행동은 늘 함께하는 것이 아닌 모양이다. 나는 가방에서 고구마나 바나나, 뻥튀기, 치즈를 꺼내놓지 않고는 못 견디는 것이다. 그리고 자신에게 설명하듯 속삭인다. 무리해서 사 오는 것도 아니고 집에 있는 것을 조금 나누는 것뿐이잖아 하고.

동심빌라 103호의 남자들은 잘 해내고 있다. 곁에서 조금만 지켜주면 자신의 울타리에서 뮤즈를 돌볼 수 있다. 침대에서 아무것도 해주지 못하는 뮤즈의 마음은 또 어떤가.

그럼에도 불구하고 나의 뮤즈는 자신의 자리를 굳건하게 지키고 있다. 남편과 아들을 지키기 위해 아픈 몸으로 웃어주기도 하고 고개를 끄덕여주기도 하고 '좋아.'라고 말해주기도 한다. 백만 불짜리 뮤즈의 미소를 보기 위해서 가족 모두는 정말이지 열심이다. 그런 가족 곁에서 잠시라도 이웃할 수 있는 나는 타인과 가족 사이에 위치한다.

나는 사랑을 덜 해줄 용기가 필요한 사람인지 모른다. 지나치게 가까워졌다가 마침내는 상처를 주는 관계 말고. 그리고 미련한 나는 말한다. 상대가 싫어하는 그 한 가지를 하지 않기 위한 노력이 여기 있다고. 행동하지 않으면 결국 상대가 뭘 싫어하는지 모르지 않겠느냐고.

제우스는 치즈와 고구마와 바나나를 좋아한다. 제우스가 어떤 음식을 싫어하는지 알아가는 노력이라도 해야지. 그런 나의 노력을 어여삐 여기셨는지 제우스가 집으로 돌아오는 길에 말씀하셨다.

"다 같이 살았으면 좋겠네."

부부는 말은 없지만

103호 남자들 ③

"오늘은 기분이 안 좋으셔."

외투를 벗으며 눈인사를 하자 선배 요양보호사님이 말한다. 나는 집에서 가져온 크림빵과 패스트리를 먹기 좋게 잘라 접시 두 개에 나누어 담는다. 하나는 산책에서 돌아온 제우스의 몫이고 또 하나는 뮤즈의 것이다.

뮤즈는 죽 대신 밥을 드시기 시작했다고 한다. 아들이 사 온 빵도 맛있게 드신 적도 있다. 그런데 오늘은 드시기 싫다는 거였다. 접시에 들고 온 빵을 침대 테이블에 두고 뮤즈의 안색을 살핀다.

나는 이럴 때 손자와의 일상이 도움이 된다. 어린이집에서 하루 종일 떨어져 지내다 만나면 손자는 반갑게 달려 나올 때도 있고 반가운 마음에 투정을 부릴 때가 있다. 뮤즈의 반응이 혹시 자신의 아픔을 토로하고 싶어서인지, 몸이 안 좋아서인지, 우울해서인지, 진짜 드시고 싶지 않은지를 살펴야 한다.

흐트러진 머리카락을 쓰다듬으며 눈을 바라보는데 뮤즈의 눈이 울고 있다. 나는 우울해… 살기 싫어… 하는 눈빛이다. 그 눈빛을 가슴에 오래 담으면 나조차 우울해질 것 같아 아침 햇살이 쏟아져 들어오는 창문으로 시선을 옮겼다가 다시 볼에 손을 가져다 댄다.

"죽 대신 밥을 드셨다면서요? 건강해지셨네요. 아이가 기어 다니다가 혼자 서서 걷는 것처럼 어마어마한 발전이세요."

뮤즈의 침대를 서서히 올리며 나는 말을 잇는다.

"우리가 죽겠다 죽겠다 하다가도 어느 사이 살아지고, 아 입맛이 없어서 못 먹겠다 하다가도 물에 말아 한두 수저 뜨다 보면 입맛이 돌아올 때가 있잖아요."

전동 침대가 올라가자 침대 테이블 위에 놓여있는 접시가 뮤즈와 가까워졌다. 얇은 패스트리에 구름처럼 떠 있는 크림을 포크로 살짝 떠서 뮤즈의 입술에 가까이 댄다. 입술에 묻은 크림을 뮤즈가 맛본다. 달다. 부드럽다. 입 안 가득 크림이 녹아들자 뮤즈가 씹기 시작한다.

커피포트에 물을 끓여서 더운물을 마신다. 또 하루가 시작되는 것이었다.

선배 요양보호사님이 "성경을 읽어드릴까요?" 하고 묻자 반갑다는 듯 뮤즈가 끄덕인다.

십여 년간 요양보호사로 일해 온 선배 요양보호사가 읽는 성경을 나도 곁에 앉아서 듣는다. 잠시 후 낮게 코 고는 소리가 들린다. 뮤즈가 곤하게 잠에 빠져들었나 보다.

뭐라고 표현할 길 없는 감정이 성경 이야기를 듣는 가운데 이리저리 밀려왔다 쓸어가는 파도처럼 잔잔해진 것이겠지. 낡은 벽지에는 11월 달력이 걸려있고 가난한 세 여인이 각자 상념에 젖어 들면서 성경을 읽고 있는데 산책에서 돌아온 제우스가 모자를 벗으며 인사를 건넨다.

침대 곁에 서서 자신의 아내를 내려다보는 제우스의 입가가 빙그레 웃고 있다.

우리 내무대신.

제우스는 아내를 내무대신이라고 부른다. 어울리는 이름이다. 눈을 감고 있던 뮤즈도 자신의 남편을 바라본다. 신기하게도 이들 부부는 말이 없다. 말은 없지만 강하게 연대하고 있다는 느낌을 받는다. 오랜 세월 동안 함께 달려온 동반자가 이제는 하늘이 정해준 시간을 향해 달려가며 서로를 의지하고 있다.

 방안을 둘러본다. 오래된 5단 서랍장과 낡은 의자. 거실에도 모든 것이 뮤즈와 제우스의 손때가 묻은 낡고 오래된 가구와 전자제품으로 꾸며져 있다. 그들 부부가 일구어 놓은 아름답고 느긋하고 조금은 쓸쓸한 기운이 도는 이 집에 있다 보면 나도 닮아질까. 나는 닮고 싶다.

굴

 양손이 마비인 뮤즈의 병명은 척추경추신경마비다. 오늘도 우린 둘이 걸었다. 손을 잡는 대신 뮤즈의 겨드랑이에 손을 끼고서. 나직이 노래를 흥얼거리는 뮤즈. 3주 만에 듣는 노래여서 반가웠다.

 뮤즈는 여러 날 침묵했다. 원래 말이 없던 그녀지만 아픈 사람의 미소라고는 여겨지지 않을 만큼 환했던 미소가 사라지자 걱정이 되었다.

 첫 방문하던 날 현관에 줄지어 있던 빈 소주병. 아내의 병수발로 지칠 때 마시는 술을 탓할 수야 없지만, 뮤즈에게서 사라진 미소가 자꾸만 제우스의 술이 원인이 아닐까 하고 추측하게 했다. 그래서 목욕을 씻겨드리는 동안 여쭸다.

 "여기 이 멍은 어디에서 생겼어요?"
 "몰라."

그녀의 '몰라'를 어떻게 해석해야 할까?

비누거품을 씻기며 뮤즈의 '몰라'를 그대로 받아들이기로 했다.

냇물아 흘러 흘러 어디로 가니?
강물 따라가고 싶어 강으로 간다.
강물아 흘러 흘러 어디로 가니?
넓은 세상 보고 싶어 바다로 간다.

양손마비인 뮤즈가 다시 노래하기까지 3주가 걸렸다. 자신의 우주 안에서 버릴 건 버리고, 끌어안을 건 끌어안고, 잊을 건 잊는데 3주가 걸렸을 것이다.

노래를 되찾고 미소를 되찾자 뮤즈의 주문이 늘어났다.

대일밴드를 사러 약국에 가자. 눈썹 위가 간지러워, 긁어줘. 콧물, 콧물 좀 닦게 휴지 좀.

30여 년 동안 마비되었던 손이 나으면 뭐부터 하시고 싶은지 여쭈었더니 살림을 하고 싶다고 한다. 속으로 걱정만 하고 관찰만 하던 나는 그제야 수수께끼가 풀린 듯하여 안심한다.

'그렇군요. 당신은 그렇게까지 자신의 손으로 살림이 하고 싶었던 거군요. 가슴 부위 상처, 손목에 있던 데인 상처 말이에요. 그 상처는 아직 식지 않은 냄비를 안아서 옮기려다 데이셨는지도 모르겠네요. 다음부터는 할아버지께서 외출하고 돌아오실 때까지 꼭 기다리셔야 해요.'

약국을 다녀오고 방 청소를 해드리고 목욕을 씻겨드리고 점심식사 수발을 마치자 약속했던 3시간이 훌쩍 지나 있었다.

"더 시키실 일은 없나요?" 내가 묻는다.

뮤즈가 빙긋 웃으며 귤을 가리킨다. 나는 귤껍질을 까서 두 알씩 짝을 지어 갈라놓는다.

뮤즈와 자전거

1

따릉이 1년 정기권을 끊었다. 라이더가 되어 손자가 언어수업을 받는 동안 달리고 달려서 네 번째 뮤즈를 만나고 왔다.

4월 한 달 동안 새로운 뮤즈와의 만남은 무려 네 번째.

50평 아파트에서 한강을 내려다보며 하루종일 혼자 보내는 뮤즈가 있었다. 난 너무 좋은 환경이라 기뻤는데 정작 뮤즈의 '마음'에 들지 못했다. '여자야, 남자야?' 물으며 자신의 안방에 들어와도 된다고 허락했던 뮤즈는 방문 3일째 낙상으로 재입원했다.

어마어마한 대저택 2층에 사는 뮤즈는 베르사이유 장미 정원처럼 푸른잎 식물이 꾸불꾸불 넝쿨져 있는 침실에서 욕창으로 고생하고 있었다. 욕창이 있어서 자식들이 체위변경이나 산책을 원했는데 자신의 말을 잘 따르는 이전 요양보호사님 외에는 싫다고 한다. 보호자와 대상자 의견이 다를 때는 대상자 의견을 따르는 게 맞다.

2

요즘 읽는 육아서에 옳음과 친절함 중에서 선택해야 한다면 친절함을 선택해야 한다는 말이 인상적이었다. 죽음에 가까워진다면 나도 옳음보다 친절함을 선택하지 않을까.

오늘 만난 뮤즈의 보호자인 따님은 여러 소개소에 연락을 해놓고 면접을 본다고 한다. 나도 그 가운데 한 명이었다.

자신이 원하는 바를 명확히 밝히는 따님의 눈을 보고 나도 할 수 있는 부분과 없는 부분을 말씀드렸다.

물론 돈을 벌기 위해 일하기도 하지만, 일이 좋아서 하는 경우 솔직한 타입의 보호자가 나는 더 매력이 있다.

서로의 정보를 알고 조건이 맞으면 연락을 주기로 하고 자리에서 일어났다.

자전거 페달을 부지런히 밟고서 손자가 언어수업을 마치기 직전에 도착했다.

3

　　　여러 뮤즈들을 만나는 동안 양손이 마비인 뮤즈의 재가방문은 반 년이 되어 가고 있다.

수요일에는 병원에 모시고 가서 의사소견서를 받아왔다. 병명은 미분화형 조현병. 병명을 봐서는 그녀가 어떤 고통에 시달리는지 모르겠다. 조현병은 여러 가지 성격 장애를 지칭한다고 하지만, 그동안 모시면서 특별한 점은 못 느꼈다. 우울의 정도만 다를 뿐.

무의욕증과 같은 음성 증상을 말한다면 정확히 일치한다. 산책도 자주 거르시고 드시고 싶은 것도 없고 노래도 웃음도 봄이 오는 동시에 사라졌다. 그랬던 그녀가 바람이 불고 꽃잎이 지고 비가 오자 다시 살아나기 시작했다. 평소에 보이지 않던 감정 표현도 한다.

"이제 갈 시간이에요." 하고 일어서는 나에게, "벌써 그렇게 되었어요?" 하고 묻는다. 목요일에는 미장원에 가고 싶다고 한 시간 연장을 부탁했다.

비 내리는 오후 미장원에 가서 코가 아플 정도로 센 파마약 냄새를 실컷 맡다 왔다.

연장했던 한 시간이 지나고 난 뒤 내가 일어서자 양손마비인 뮤즈가 나를 바라보며 씩 웃는다.

"불, 꺼드릴까요?"

목소리를 잃은 뮤즈가 끄덕끄덕. 어두운 방 한가운데 누워 티브이를 보고 있을 뮤즈에게 인사한다.

"다녀오겠습니다."

토마토 달걀 요리

폴라뮤즈에게 요리를 ①

"딩동!" 하고 초인종을 누르는 것과 동시에 "안녕하세요!" 하고 외치며 비밀번호를 누른다. 신발을 벗으며 휴대폰으로 스마트 '장기요양앱'에 체크인을 한다. 가방에서 푸른 앞치마를 꺼내 두른다. 밥솥의 밥을 체크한다.

"밥은 아직 있네요. 토마토 하나 닦아 드릴까요?"
"예." 한다.
냉장고 야채박스에서 붉은 토마토를 꺼낸다. 지난주에 마트에서 함께 산 토마토. 지나치게 익었다 싶을 때 사서 덤을 많이 주었던 그 토마토 중 하나가 시들어 있다. 맛있어 보이는 토마토와 함께 꺼낸다.

맛있어 보이는 토마토는 물로 씻어서 나무도마 위에서 여섯 조각으로 썬다. 오목한 그릇에 담아드리면 포크를 사용하여 드실 수 있다. 근무력증으로 양손이 마비인데 손목과 손목을 사용하여 드신다. 퇴화하는 근육을 사용하는 것이다.

"토마토가 시든 게 있어서 살짝 익혀드려야겠어요. 토마토는 익혀서 드시는 게 영양가가 있다네요."

뮤즈의 얼굴을 살핀다.

"보리차를 끓여두어야겠지요?"

토마토를 드시며 고개를 끄덕이시는 뮤즈. 보리차가 반쯤 남은 주전자를 베란다에서 들고나온다.

"선생님, 주전자에 물을 더 붓고 끓여요."

"예."

냉장고에서 달걀 2개를 꺼낸다.

"탁탁!"

달걀껍질 깨는 소리, 머그컵 안의 달걀을 젓가락으로 휘젓는 소리 들린다. 시든 토마토를 씻느라 튼 물소리도 들리고 프라이팬에 두른 기름 위로 떨어지는 달걀이 익는 소리도 들린다.

달걀을 볶은 후 토마토를 함께 넣어 볶는다. 토마토가 게처럼 보글보글 거품을 문다. 검정 프라이팬을 바탕으로 노란 달걀과 붉은 토마토가 알록달록 예쁘다.

오늘의 요리 끝.

토마토 달걀 요리를 내드리며 오늘의 계획세우기를 한다.

"목욕하시고, 빨래할까요?"

"빨래는 내일 해요. 어제 영감이 했어."

"그럼 방을 닦을까요?"

"예."

빨랫줄에 널린 빨래를 개는 동안 뮤즈가 내일 계획도 세운다.

"내일은 망원시장에 가요."

"왜요?"

"영감 손수건 사러."

공공근로에 나간 남편의 흐르는 땀을 닦아줄 손수건 사러 가기가 내일의 미션이다.

점심상에는 꽈리고추볶음과 비름나물을 냈다.

반찬이
김치 하나뿐인 밥상

몰라뮤즈에게 요리를 ②

　　　　반찬이 김치 하나뿐인 밥상. 둥근 상에 혼자 앉아서 밥을 먹는 점심.

　요리를 하는 음식냄새가 식욕을 돋우고 함께하는 밥상이 입맛을 돋게 할 텐데 모든 것이 생략된 밥상의 밥은 약을 먹기 위한 수단일 뿐.

　일흔네 살 남편은 공공근로에 나갔고, 양손마비인 뮤즈의 밥상을 차리는 건 요양보호사인 나의 몫.

　1인분의 가지요리를 만드는 데 걸리는 시간은 이제 10분이 넘지 않는다. 오이볶음도 완성. 집에서 가져온 돼지불고기도 갈비양념으로 재 와서 공들인 시간이 10분을 넘지 않는다.

　오후에는 엄마의 밥상을 살피러 가자. 뮤즈의 밥상을 차리다 보면 엄마가. 엄마의 밥상을 차리다 보면 뮤즈가 생각이 나.

　자기 자신과 사이좋게 지내기.

내면의 자신과 잘 지내야 돌봄도 무겁지 않게, 소란스럽지 않게 조용히 살필 수 있다.

노화, 치매 예방에
좋은 카레

몰라뮤즈에게 요리를 ③

오늘은 카레를 가지고 왔어요. 어제 카레를 했거든요. 인도에서는 여기에 빵을 찍어 먹는데요.

"몰라."

"맛 좀 보세요."

"간이 딱 맞다."

'간이 딱 맞다'는 맛있다는 뜻이다. 마비된 손이 나으면 뭐가 제일 하고 싶으신가 물었더니 살림이 하고 싶다고 했다. 요양보호사로서 양손마비인 뮤즈의 돌봄 기준은 그녀가 건강하면 하고 싶은 일 기준으로 하고 있다.

빨래를 개킨다. 장기요양보험 서비스 기준은 돌봄을 받는 분의 일상생활 지원이지 가족의 살림을 하는 것이 아니다. 그러나 막상 돌봄을 하다 보면 그 경계가 불분명해진다. 우정이 깊어 가면 갈수록 돕고 싶은 형태가 살아 움직인다.

공공근로에 나가 땀 흘리고 돌아올 할아버지의 세탁된 바지. 그 바지를 뮤즈의 옷과 함께 개킨다. 개키다 보니 할아버지의 작업복 바지 엉덩이 부분이 뜯어져 구멍이 나 있다. 뮤즈와 내 눈이 마주치는 순간.

'손이 건강하시다면 남편의 바지를 꿰맸겠지.'

"꿰매드릴까요? 반짇고리 어디 있어요?"

"저기."

우리는 잠시 말이 없다. 왼손잡이의 바느질은 서툴다. 바지를 뒤집어서 꿰맨 후 개켜서 서랍에 수납한다.

목욕을 도와드려서 개운하신지 방바닥에 옆으로 누운 채 뮤즈는 잠들어 있다.

입맛 돋우는 비빔국수

몰라뮤즈에게 요리를 ④

몰라가 대부분의 대화를 차지한다.
"뭐 드시고 싶으세요?"
"몰라."
"좋아하는 음식은요?"
"몰라."
"그럼 불고기는 어떠세요?"
"싫어."
"굴비는요?"
"싫어."
"나물이 좋으세요?"
"그것도 별로야."

먹고 싶은 게 없다는 건 무기력하다는 뜻이다. 무더

워지고 있는데 한 번 입맛을 잃으면 체력이 급속히 떨어지니 걱정이다. 넓은 안방에 뮤즈와 나는 꼭 붙어 앉아 있다.

"신 김칫국물 있던데 참기름이랑 깨소금 넣고, 식초랑 깨소금 넣고 조물조물 무쳐서 비빔국수 해드릴까요? 근데 국수가 없으니 내일 해드려야겠어요."

"있어."

뮤즈와의 대화가 시작되는 순간.
"있어. 저기."

물을 끓이는 동안 신 갓김치 국물을 대접에 국자로 뜬다. 고추장도 한 수저, 참기름, 설탕, 식초를 넣고 깨소금을 넣으려는데 깨는 이에 끼니까 생략하라고 한다.

살림을 하고 싶어도 양손이 천천히 마비되는 근무력증을 앓다가 마침내 손을 쓸 수 없게 된 뮤즈가 부엌에 서서 새아기에게 요리비법을 전수하듯 일러준다.

양푼에 물이 끓자 국수를 넣는다. 끓는 물에 찬물 한 대접 부으라고 한다.

엷게 미소 지으며 타박도 한다.

"국수 안 삶아 보았소. 찬물을 골고루 빙 돌려서 부어야지."
"예, 예." 하며 집에서는 엄마 말에 고분고분하지 못 한 내가 생각나서 동작에 잠시 마가 생긴다.

 '그래. 엄마에게도 이모에게도 이렇게 예, 예 하고 짧은 시간만이라도 정성을 들이다 오는 거다. 야채박스에 뭐가 썩는지, 필요도 없는 물건을 왜 잔뜩 쌓아두고 있는지 묻지 말고 대화를 하다 왔어야 했다.'

 반성을 하는 사이 국수가 삶아졌다. 흐르는 찬물에 씻은 후 한입. 쫄깃하다.
국수를 호로록 맛보기로 드시며 눈이 웃고 있다. 여름엔 입맛 돋우는 비빔국수가 좋구나.

몰라몰라 해도
맛있는 김밥

몰라뮤즈에게 요리를 ⑤

 현관 앞에서 신호 차 벨을 한번 누른 다음 비밀번호를 누르고 들어간다. "안녕하세요?" 하고 크게 인사를 했지만 반응이 없다. 오늘은 아침 금식을 하고 내과에서 피검사를 하기로 한 날이다.

 가방에서 바나나 한 개와 자두 두 알을 싱크대에 꺼내놓으며 방안을 살핀다. 방바닥에서 잠든 뮤즈가 보인다. 곁에 가서 어깨에 손을 얹자 눈을 반쯤 뜨지만, 기운이 없어 보인다.

 "약에 취한다. 어제 영감이 왔는데도 잤어."
 "지금도 그러세요? 어제 몇 시에 약을 드셨지요?"
 "몰라."
 "할아버지께서 퇴근하고 오실 때가 언제였어요?"
 "몰라."

새로 받아 온 약봉지에서 신경정신과병원 전화번호를 누른다.

'저는 요양보호사인데요, 화요일에 새로 처방받으신 약이 너무 센가 봐요. 10시가 되었는데도 안 일어나세요. 약에 취해서 혼자 계시다가 쓰러지시기라도 하면 어쩌나 걱정이 되어서 전화드렸어요.'

'그럼 오세요.'

'예약제라고 하셨잖아요.'

'괜찮아요. 아무 때나 오세요.'

맞다. 예약된 2주 후까지 기다릴 필요가 없다.

우리는 서둘러 집 앞 내과에서 피검사에 쓸 피를 뽑고, 택시를 탔다. 신경정신과병원에는 벌써 예약자가 다섯 명이나 대기하고 있었다.

"전화 걸어요. 복지사님께."

"예?"

"한 시간 연장한다고."

"괜찮아요. 시간 그렇게 안 걸릴 거예요."

뮤즈가 병원에 비치되어 있는 말랑말랑카우 두 개를 드실 동안 차례가 왔다.

"약에 취해서요."라고 뮤즈가 말한다.

"아, 그렇군요." 의사선생님이 눈으로 웃으시며 응대한다.

"조현병약을 바꾸면서 잠을 못 주무시면 불안하실까 봐 넣은 이 노란약을 빼고 드세요."

의사선생님 말씀을 듣고, "지난번에 다니던 병원에서 처방한 약은 인터넷으로 검색했더니 요즘은 잘 안 쓴다고 나왔더라구요. 이번에 처방한 약 이름을 알려주시겠어요?" 뮤즈를 위한 것이지만, 실은 궁금했던 부분이다.

"아, 여기 약 봉투에 있어요."

자세히 보면 보인다. 6포인트 크기의 글씨로 적혀있다.

오늘 빼고 드시라고 한 약에 대해 검색해 보았다.

이 약은 불안, 긴장, 우울증에 처방하며 사용상 주의사항을 보면 중증의 근무력증 환자(뮤즈의 질병은 근무력증이다)에게는 투약하지 말 것이라고 적혀 있다. 역시 빼는 것이 좋았다. 부작용 증상이므로 익숙해질 때까지 기다리는 건 아니었다.

뮤즈는 오늘 외식을 했다. 메뉴는 김밥.

꽈리고추와 어묵볶음

몰라뮤즈에게 요리를 ⑥

뮤즈의 6월 상태변화 기록지에 신체, 배설, 정신, 피부, 수면, 인지, 식사, 정서 상태에 각각 1번 유지, 2번 악화, 3번 호전 여부를 체크를 하는데, 대부분 1번 유지에 체크를 한다.

첫 주의 특이 사항에는 정서 상태에 3번 호전을 표시한 후 다음과 같이 썼다.

> 첫째 주 : 식사 기도와 찬송가를 부르심. 3월에 저조했던 감정상태가 5월 이후부터 호전되고 있음. 계절에 영향을 받으시는 듯함.
> 둘째 주 : 특이 사항, 자주 노래를 부르심. 점심 식사 후 맛있게 드셨다고 인사하심.
> 셋째 주 : 특이 사항, 여의도 성모병원에서 써 준 소견서를 가지고

집 근처 신경정신병원에서 처방약을 타옴. 약을 바꾸었기에 2주간의 관찰 필요(수면 여부). 때로는 테니스공 만하게 변을 보셔서 힘들지 않도록 내과 방문 시 변이 물러져서 잘 나오게 하는 약을 처방받도록 상담해야겠음.

약을 바꾼 첫날 아침.
"안녕히 주무셨어요?"
"못 잤어. 걱정이 되어서. 약이 어떤지 몰라서."

둘째 날 아침.
"어떠셨어요?"
"잘 잤어."

화장실에 들어가시고 한참 후에 나오셔서(양손이 마비일지라도 바지는 손목을 사용해서 입고 벗으신다) 바지를 벗겨달라고 한다.
"아직 소변 안 보셨어요?"
미소 지으며 끄덕이시는데 잠에서 아직 안 깨어난 듯하다. 약을 바꾸고 적응기가 필요할지도 모르니 조금 더 관찰해야겠다. 다음 진찰 예약일은 2주 후로 잡혔다.

오늘 뮤즈의 식탁엔 꽈리고추볶음과 어묵볶음을 올렸다.
다른 날 보다 조금 많이 드시고 "오래간만에 맛있게 많이 먹었네." 하고 인사하는 것도 잊지 않으셨다.

저는
그냥 요양보호사입니다

폴라뮤즈에게 요리를 ⑦

요양보호사 : 저는 문장에 익숙하기 때문에 전화로 일을 제안하면 서툴게 거절하는 경우가 많아요. 화, 목 오전근무 후에 3시간이면 좋겠다 싶지만, 갱년기 증상인지 요즘 제 몸의 증상이 허리, 등, 손목 통증으로 하루가 다르게 변해요. 물론 손자의 육아도 한몫하지요. 어린이집에서 돌아오면 먹이고 씻기고 놀아주는 단순한 작업이 다 노동을 필요로 하거든요. 바우처 어르신 서비스 요구사항이 무엇인지. 노동의 강도를 양손마비인 어르신 가사노동을 끝마치고 바로 근무할 수 있을 정도로 제가 감당할 수 있을 만한 것인지요. 지난번 대화 중에 느낀 건데요. 15평 아파트 3시간 걸레 청소 일을 제안하셨을 때 제가 손목과 허리가 안 좋아서 사양하자 요양보호사를 일분일초도 쉬어서는 안 되는 존재로 느껴지게끔 '3시간 다 일하지는 않잖아요.' 하셨는데. 그 말에 상처가 남아요. 요양보호사 일을 가장 가까운 곳에서 지켜보는 복지사조차 '그게 뭐 힘든

가?'라고 생각한다면? 말속에 숨은 뜻을 읽고 이 일에 회의가 들었답니다.

사회복지사 : 선생님 제가 3시간 다 일하기만 하는 건 아니지 않은가 라고 말씀드렸을 때, 쉬어서는 안 되는 존재로 느껴지게끔 하려는 의도는 아니었는데 그렇게 느끼셨다면 죄송합니다. 저도 물론 서비스 제공이 힘든 것은 알고 있고, 내내 일을 시키는 어르신께 조금씩 쉬는 시간을 달라고 말씀드리고 있어요. 오해가 있으셨다면 죄송합니다.

화, 목 어르신 후에 활동하시는 게 어떤지 말한 건 지역도 같고 하니 한번 나가셨을 때 다 활동하시는 게 좋지 않으실까 해서 제가 제안한 거고, 힘들다고 생각되면 방문하지 않는 날에 방문하셔도 됩니다. 일부러 그때 가라고 강요 드린 건 아니에요.

이번에 부탁할 어르신은 눈이 잘 안 보이고 관절염이 있습니다. 원하시는 서비스는 국이나 찌개 등 반찬과 청소 등 가사도움 서비스입니다. 혼자 사는 게 아니고 아드님 두 분과 같이 사는데, 두 분 다 장애를 가지고 있어서 어르신 혼자 많이 힘드신 것 같아요. 생각해 보시고 답변 부탁드립니다.

요양보호사 : 그렇군요. 그럼 일단 화, 목 1시 30분부터 3시간 서비스를 해보기로 하지요. 화, 목 어르신과 우정이 쌓일수록 해드리고 싶은 것이 많아져서 노동의 강도가 늘어나던 참이었어요. 늘 이상과 현실은 차이가 납니다.

사회복지사 : 차이가 있으니 맞추기 위해 노력해야 하는 것이겠죠. 승낙 감사합니다. 바우처 선생님께 전달해 드릴게요.

양손마비 뮤즈의 식사를 준비하고, 몸을 닦여드리고, 세탁을 돕고, 장을 보고, 병원에 동행하는 일을 기꺼이 즐겁게 하고 돌아오는 길에 허리에 느껴지는 묵직한 통증.
 할 수만 있다면 뮤즈의 요구를 다 들어주고 싶어서 쩔쩔매는 자신을 바라보는 또 하나의 나.
 가보지 못한 길을 동경하며 매번 경계를 뛰어넘으려다 피를 흘리고 쓰러졌던 세상살이가 겹쳐지면서 살짝 우울한 기분이 들었다.

그러나 기억해야지.
 양손마비인 뮤즈를 만난 첫날의 인상을. 뮤즈가 해맑게 웃었더랬다.

11월 겨울 환기 안 한 실내에 씻지 않아서가 아니라 잇몸 염증이 있어서 나는 공기 중에 떠다니는 냄새를, 그녀의 양치를 도우면서 입안의 찌꺼기가 앞치마에라도 튈까 봐 물러섰던 기억을.

이제는 그녀의 무엇도 더럽게 느껴지지 않고, 씻어서 반짝반짝해진 얼굴에 로션을 공들여 발라 드리는 일을 통해 나의 하루가 온전해지는 느낌으로 우울의 밑단을 줄여버리자.

뮤즈가 오늘 청한 메뉴는 잔치국수.

일하러 갑시다

몰라뮤즈에게 요리를 ⑧

지난밤 손자는 장난감 방 책장 정리를 새롭게 마치고 개장한 꼬꼬마 도서관에서 바버라 주세의 『엄마, 나 사랑해?』를 들고 와서 읽다 잠이 들었다.

엄마, 나 사랑해?
그럼, 아가야.
얼마만큼?
까마귀가 보물을 사랑하는 것보다 더 많이, 개가 제 꼬리를 사랑하는 것보다 더 많이.

책을 다 읽고 나서 야간 등을 끄는데 손자가 말한다.
"아까는 말 안 들어서 미안해요."
"나도 아까 소리 질러서 미안해. 네가 잘못했다기보다 허리가 너무 아팠어."

요즘 우리는 매일 밤 약속이라도 한 것처럼 서로 사과를 하고 잠이 든다.

책꽂이가 무너진 후 밤샘 작업을 한 것이 피로했는지 여름 감기에 걸렸다. 손자도 여름 감기에 걸려 어린이집을 이틀 쉬었다. 첫날은 어떻게 어떻게 겨우 아이를 맡겼는데 어제는 그럴 수 없었다. 그래서 돌봄 일을 하고 있는 양손마비인 뮤즈 집에 손자와 동행했다(원칙에 어긋난다. 센터가 알면 야단이다). 우리가 현관에 서서 아침인사를 하자 뮤즈가 반겼다. 전날 상황을 미리 말씀드리긴 했지만, 일터에 아이를 데리고 와서 미안했다.

"죄송해요." 하고 이해를 구하자.

"괜찮아. 귀엽고 좋지 뭐."

평상시 말씀이 별로 없는 뮤즈가 자애롭게 미소 지었다.

집에서 가져간 자두와 뻥튀기를 간식으로 내놓자 등근 상에 뮤즈와 손자가 아주 익숙한 풍경으로 둘러앉는다. 점심을 챙기고 우리는 점심으로 싸간 김밥을 뮤즈의 별식으로 나눈다.

집에 없는 티브이 앞에 바짝 다가앉아 한낮의 만화영화에 열심인 손주에게 뮤즈가 점잖게 타이른다.

"뒤로 조금 더 물러나야지."

내가 세탁기를 돌리고 걸레질을 하고 근무력증을 앓는 뮤즈의 몸을 씻기며 바삐 움직이는 동안 손자는 간간이 가래 끓는 소리와 함께 앓는 소리를 내며 채널을 돌려가며 만화를 본다. 만화가 지루해질 무렵 손자는 준비해 온 그림책을 펼쳐 들고 '이상한 엄마'를 소리 내어 읽는다. 마침내 집으로 갈 시간.

나는 두 사람을 돌보느라 기진맥진이 되었지만, 무사히 끝난 것에 감사한다.

아이와 하루 종일을 보낸다는 것. 수시로 요구사항이 바뀌고 수가 틀리면 떼를 쓰는 개구쟁이, 그것도 몸이 아파서 조금은 징징대도 살살 달래 가며 돌봐야 했던 하루를 살자 내 몸은 연기처럼 꺼져갔다.

저녁 메뉴로 감자튀김과 치킨너겟을 요구하는 아이를 위해 부엌을 분주하게 다니는 동안 간식을 탐하는 뽀삐가 발에 차이고 팽이 놀이를 하던 아이까지 부엌으로 진출하자 점점 짜

중이 났다. 얼마 전에 받았던 아동학대 교육에서 소리 지르는 것도 학대에 속한다고 배웠기에 참고 참았지만 제어장치가 사라졌다.

"다들 저리 가 있어!"

뽀삐와 손자가 방으로 달려갔으면 좋았지만, 그렇지 않았다. 마침내 감자튀김을 만드느라 기름 끓는 부엌에 있던 내가 어깨 두드리는 고무 안마기를 들어 손자의 등짝을 때렸다. 그러자 돌아오는 답은, "아이고, 시원하다~"
느물느물해진 아이에게 고무 안마기를 건네는 나.
"그래? 그럼 나도 두드려줘."
있는 힘껏 때리는 손자.
"아얏. 이건 너무 아프잖아."
복수의 미소를 지으며 손자가 유유히 팽이놀이를 하러 들어가 버린다.
내 삶이 점점 뒤죽박죽, 코미디로 흘러가고 있다.

우울증 상담에 쓸 감정표

물라뮤즈에게 요리를 ⑨

　　2주 후로 잡힌 신경정신과 예약이 곧 있으면 다가온다. 약이 바뀌어서 약의 부작용이 있는지 없는지 집중 관찰이 필요하다. 조현병 약을 드시던 뮤즈가 이젠 환청이 들리지 않게 되었는데 약을 바꾸면서 다시 이런 증상들이 나타날까 봐 우려가 되기도 하고, 졸음 오는 정도가 너무 세면 밤에 화장실을 가다가 쓰러져서 다칠 수도 있기 때문이다.

　어제는 유난히 뮤즈의 얼굴이 우울해 보였다. 뮤즈의 우울이 약 때문인지, 일상에서 생긴 감정의 변화인지 잘은 모르지만 어쨌든 감정표를 작성하여 표시해 두었다. 신경정신과 상담 시 제출하기 위해서. 뮤즈의 감정의 흐름은 이랬다.

　　주말을 보내고 월요일에 만나 혈액검사 결과를 들으러 병원에 가던 중 뜨거운 햇살을 의식하며 '우리 영감 덥겠다.'라고 걱정했다.

노부부는 양파껍질이며 파뿌리, 계피 등의 약초를 넣고 끓인 차를 물 대신 마시는데 냉장고에 넣어두고도 남은 차가 상할까 봐 매일 한 번씩 끓여둔다. 그 일은 대부분 내가 하지만 월요일 병원 방문과 점심준비 등으로 미처 주전자의 물을 끓여드리고 오지 못했다. 가사는 끝이 없어서 그 어떤 것도 소홀히 할 수 없다는 게 문제다.

화요일에 갔더니 주전자가 타 있었다.

"어떻게 된 거예요?"
"물을 끓이다가 잠이 들었는데 깨어나 보니까 주전자 손잡이가 녹고 있었어."
"아, 큰일 날 뻔했네요."
"응, 큰일 날 뻔했어."

뮤즈는 주전자를 태운 일로 무척 의기소침해진 듯했다.

'그 일로 할아버지는 걱정을 하셨겠지. 뮤즈는 더운 날 일하고 온 남편을 힘들게 해서 미안했을 거야.'

속으로 생각하며 나는 주전자 대신 들통에 담긴 차를 가스레인지 위에 올려둔다. 집안은 한낮의 더위와 들통이 끓는 통에 정신을 놓을 정도로 찐다.

 "다음부터는 혼자 있을 때는 불을 사용하는 건 안 좋을 것 같아요. 도시가스에 부탁하면 가스불을 끄지 않으면 타이머가 작동하는 장치가 있다던데."

 "응."

 수요일인 오늘 이틀 동안 우울했던 뮤즈가 회복되어 보였다.

 할아버지가 오래간만에 장을 봐왔는지 현관에 감자 한 상자가 있고, 음식물 쓰레기에 참외껍질이 보였다. 노부부는 서로가 서로에게 사는 이유가 되어 아침밥을 드시고 할아버지는 하루 종일 혼자 있을 아내를 위해 참외를 까서 접시에 두고 나갔나 보다. 뮤즈는 그 참외를 먹고 우울했던 감정이 회복되었을 거다.

 오늘 감정표에는 보통 표시를 해둔다.

 오늘 점심 메뉴는 상추쌈. 고기를 싫어해서 고기 대신 냉장고에 있던 가지볶음을 상추에 싸서 드렸다.

고기 싫으면
들기름이라도

몰라뮤즈에게 요리를 ⑩

"우리 영감 덥겠다."

몹시 지치게 하는 땡볕을 걸어가던 뮤즈가 공공근로에 나간 76살 남편을 걱정하고 있었다.

우리는 지난주 혈액검사 결과를 듣기 위해서 근처 병원에 갔다. 검사 결과 당도 혈압도 지방간도 다 좋아서 먹고 있던 고지혈증 약도 중지하자고 의사가 권했다. 오히려 중성 지방이 낮아서 기름진 음식을 좀 더 드시라고 한다. 6개월 후에 다시 혈액검사를 하라며 상담이 마무리될 즈음 내가 말했다.

"가끔 변을 보실 때 아주 고생을 하시는데요. 변이 무르게 나올 수 있었으면 좋겠어요."

"나이가 들면 장에서 소화가 느리게 되니까 수분이 빠져나가잖아요. 그러니까 변비가 오는 거지. 그럼 M약을 세 알씩 90알 처방해드리지요. 자기 전에 세 알(나중에 우리는 자기 전 한

알로 조정했다)."

"매번 고생하시는 건 아닌데요? 그리고 너무 비싸지 않을까요?"
"별로 안 비싸요. 걱정 마세요. 두 알씩 매일 드시면 규칙적인 배변을 하실 수 있을 거예요. 대신 약을 먹고 물을 머그컵 한 컵 드셔야 해요."

노의사가 처방한 처방전을 들고 약국에 갔더니 약사도 노인이었다. 약을 기다리는 동안 몰라뮤즈에게 내가 묻는다.
"기름진 음식을 드시라는데 오리고기 드시는 건 어때요?"
"싫어. 어제 영감이 무슨 약초 넣고 오리고기 삶아준다는데 난 퍽퍽해서 싫어."
"그럼 어쩌나 고기도 싫고, 생선도 싫고, 그럼 매일 참기름이라도 한 숟가락 드셔야겠어요."

우리의 대화를 듣던 노약사가 참기름보다 들기름이 더 좋다고 하셔서 뮤즈와 나는 그럼 들기름을 먹어야겠네 하고 의견 일치를 보았다.

약값은 천 원. 나는 마음속으로 90알이나 받았는데 천 원이라면 대부분의 노인들이 이 약을 복용할 수 있겠다 싶었다. 감사한 일이다.

집으로 돌아와서 점심 준비를 했다. 공교롭게도 밥도 새로 지어야 했다. 서리태와 찹쌀보리, 뮤즈의 냉장고에서 싹이 트고 있던 완두콩을 넣은 밥이 압력밥솥에서 뜸이 들고 있었다.

"맛있는 냄새가 솔솔 난다."
밥 냄새가 나자 뮤즈가 사랑스럽게 웃는다.

치매 테스트

몰라뮤즈에게 요리를 ⑪

단짝 뮤즈와 병원 나들이. 병원에서 차례가 오기까지 기다리는 동안 치매테스트를 한다.

"여기 좀 보세요. 그림 안에서 사람 얼굴을 4개 이상 찾아야 치매가 아니래요."라는 말이 떨어지자마자 하나둘셋. 일곱 개를 터치하시는 양손마비 뮤즈의 모습에 감동한다.

치매라면 모두 질색하는데 삶이라는 이 고통, 이 통증을 벗어나 가벼워진다는데도 싫다고 한다. 그건 아마도 내가 나임을 죽기 전까지 인식하고자 하는 인간 욕구가 아닐까.

5부

나는
요양보호사입니다

오늘 내가 아픈 것은, 그리고 내 가족이 아픈 것은
어쩌면 영혼이 더 반짝반짝 깨어있어야 한다는 신호가 아닐까?
심한 기침으로 통 잠 못 이루던 손자의 둥글게 만 몸뚱이를 감싸 안자
내 몸 여기저기가 쑤시는 것 같다.
아파 봐야 아픈 사람 마음을 안다.
피붙이가 아프자 세상 여기저기의 아픔을 아주 조금 알 것 같다.

요양보호 관련 사이트

중앙치매센터 www.nid.or.kr
노인장기요양보험 www.longtermcare.or.kr
한국요양보호사교육원 www.kces.co.kr, www.hkcareschool.com
한국요양보호협회 www.silvercare.org
요양세상 cafe.naver.com/careworker1
요양코리아 cafe.naver.com/dh7744a
노방방 cafe.naver.com/edutrade

아파 봐야
그 마음을 안다

'오늘 출근했으면 큰일 날 뻔했네.' 폐렴 진단을 받은 손자의 입원 수속을 마친 내가 중얼거렸다.

지난주에 감기에 걸린 손자를 돌보느라 재가요양보호 실습을 쉬었기에 오늘만큼은 무리를 해서라도 손자를 어린이집에 보내고 싶었다. 그러나 밤새 앓다가 새벽에서야 잠이 든 손자를 차마 깨우지 못했다. 선배 요양보호사님께 전화를 했지만 이동 중인지 연결이 안 된다. 다시 한 번 손자의 이마를 짚어 본 후 문자를 드렸다.

> 오늘은 꼭 가려고 상처에 뿌리는 '마데카솔 분말'도 준비했으나 역시 저와 손자가 심한 감기로 기침이 멈추지 않아 오늘도 쉬어야 할 것 같습니다.

지난주 감기(밤새 손자를 간병하다 나도 기침을 하고 열이 나기 시작했다)로 문자를 드렸을 때는 이런 답이 와서 나는 감동했다.

감기는 좀 어때요. 약은 먹었어요? 밥은 먹을 수 있는지. 홀몸에 걱정이 되네요. 모쪼록 얼른 나을 수 있도록 따뜻한 물에, 따뜻한 음식 많이 드세요.

요즘 나는 이한영 목사의 『명자누나』를 읽고 있다. 이 책을 읽기에 앞서 주일예배에 오신 목회자의 경험담이 내 마음을 온통 흔들었다. 27년 동안이나 암 투병으로 고통 속에 있던 누나의 이야기를 어디선가 본 적이 있어 찾아보았더니 그날의 설교자가 바로 『명자누나』의 저자였다. 아주 간단한 내용이 여러 주 머릿속에서 떠나지 않았다.

아파 봐야 아픈 사람 마음을 알 수 있다.

손자의 잠든 얼굴을 내려다보며 나는 선배 요양보호사님에게 감사의 답글을 썼다.

선생님 따뜻한 문자 감사해요. 아파도 아플 수 없는 저는 오늘 손자의 언어 치료도 다녀오고 밤에는 밀린 세탁을 하느라 정신없이 하루를 보냈어요. 월욜 건강한 모습으로 뵐게요.

그렇게 약속을 했건만 나는 약속을 지킬 수 없었다. 오히려 약속을 지키지 않고 손자를 병원에 데리고 와서 다행이라고 생각했다.

요양원에서 3교대 근무로 일했을 때 요양보호사는 아프면 안 되는 역할이었다. 아파도 일을 해야 했다.

대체 인원이 부족하기 때문이다. 쉬는 날과 대체해서 비번인 선생님이 나오든가, 낮 근무 선생님이 밤 근무까지 해야 한다. 쉬는 것 자체로 타인에게 폐를 끼치게 되는 것이다.

이런 사정 아래 근무를 하면 여유로워야 할 심성이 강퍅해지기 쉽다. 아픈 사람을 돌봐야 할 사람 마음이 강퍅해져서는 고통으로 누워 있는 사람의 섬세한 감정을 읽기 어려워진다.

오늘 내가 아픈 것은, 그리고 내 가족이 아픈 것은 어쩌면 영혼이 더 반짝반짝 깨어있어야 한다는 신호가 아닐까?

심한 기침으로 통 잠 못 이루던 손자의 둥글게 만 몸뚱이를 감싸 안자 내 몸 여기저기가 쑤시는 것 같다.

아파 봐야 아픈 사람 마음을 안다. 피붙이가 아프자 세상 여기저기의 아픔을 아주 조금 알 것 같다.

"당신은 요양보호사가 되면 안 된다"

나의 요즘 고민은 요양보호사에 대한 글을 계속 쓸까 쓰지 말까이다.

첫 번째 이유는 함께 일하는 동료 사회복지사로부터 어르신들에 관한 개인정보 노출이 꺼려지니 SNS에 공개하지 않는 게 좋다는 의견을 들은 이유이고, 두 번째 이유는 선배 요양보호사에게 2시간의 재가방문을 위해 왕복 1시간을 써야 하는지 고민이라고 말씀드렸다가 이 일은 사명감이 없으면 못 한다고, 그런 마음가짐이 없다면 당장 그만두는 게 나을 거라고. 아직 젊으니까 다른 일을 찾는 게 좋을 거라는 일침을 받았기 때문이며, 세 번째 이유는 출판을 염두에 두고 쓰고 있으나 이 책이 과연 사람들에게 어떤 의미가 있을까 라는 질문에 부박한 답조차 생각이 나지 않기 때문이다.

사십구 년 간 나라는 껍질 안에 살아서 내가 이런저런 이유를 달기 시작하면 마지막에는 휙 뒤돌아선다는 걸 알기에 워워워~ 마음을 다스리고 있는 중이다.

 박완서의 『엄마의 말뚝』이 있는 것처럼 나의 말뚝은 너무 얕고 또 너무 줄이 짧아서 일어서려다 주저앉고, 주저앉으면 눕고 싶고, 누우면 뭐 그런 일도 있었지 하고 체념하는 통에 도무지 이렇다 할 원이 그려지지 않고 있다. 뭐 어쩌겠나. 이렇게 생겨 먹었는걸.

 게으른 내가 움직일 때는 대부분 작고 약한 것, 어린 것을 위해 먹이를 물어다 주거나 보호해 줄 때뿐인데 마침 손자를 돌보고 있으니 대뜸 피할 곳이 생겨버린 것이다. 손자를 업고 뛰려고 하다가 손자의 등 뒤에 숨으려하는 자신을 본다.

 아아, 나는 요양보호사가 되면 안 되겠구나 라는 자각을 할 줄은 몰랐다. 그럼에도 불구하고 나는 요양보호사여야 하는데 말이다.

 만날 때마다 시들어가는 엄마가 계시다. 데이케어센터에 엄마를 부탁한 후 일하러 나갈 수 있을지 궁금했다. 게다가 고분고분 순순하지도 않고 오로지 자신의 힘으로만 먹고 살았던 엄마가 타인에 의해 꾸며진 일상을 살아낼까도 의문이었다.

그래 내가 요양보호사가 된 것은 애초에 사명감 같은 것은 없다. 단지 나의 엄마를 부탁할 곳, 미래의 내가 의탁할 곳이 궁금했던 것뿐이다. 또한 돌아가신 할머니가 그립고 그리워서 할머니 닮은 분들 곁에 있고 싶어서였다.

사명감은 없는데 만나면 모든 것을 해드리고 싶어 안달을 내는 자신과도 사귀기 힘들었다.

경계를 모르는 나. 늘 경계를 뛰어넘으려고 애쓰는 나는 자주 심장이 조여드는 기분이 들었다. 이렇게 소심해서 어디에 쓸까 나는.

나는 묻는다.

제 글 어디에 어르신들의 개인정보를 알 수 있는 정보가 있나요. 뮤즈와 제우스의 이름을 빌린 것도 어르신들의 존재를 무명에 가깝게 표현하고자 했던 것이었는데. 알려주세요. 제 글 어디에 어느 부분이 그렇다는 거죠? 만약 그런 부분이 있다면 삭제하거나 수정해야죠. 저널리즘의 기본이라고 생각하니까요. 동심빌라요? 너무 구체적으로 밝힌 것 아니냐고요? 오오, 동심빌라는 손자가 다녔던 어린이집 이름에서 따온

건데요?

 선생님, 사명감이 없으면 안 되나요? 한 시간에 만 원을 받으면서 2시간을 일하기 위해 왕복 1시간을 쓰기보다는 조금 더 가까운 곳, 교통비가 들지 않는 곳, 언제라도 손자에게 일이 있을 때 달려갈 수 있는 동선으로 시간표를 짜고 싶은 사람은 이 일이 하기 힘든 걸까요?

 저는 그냥 좋아서 하는데요.

 양손마비인 뮤즈와 산책하는 길에서 잊고 있었던 풍경과 만나는 걸 좋아하고요, 아무 대화도 없이 겨울 벤치에 앉아 보온병의 물을 나누어 마시고 새들 지저귀는 소리를 듣기도 하고, 돌아오는 길에는 뮤즈의 겨드랑이에 팔을 끼고 부축을 하면서 사람의 겨드랑이가 이렇게 따스했던가 하고 감탄을 하는 게 좋고요. 산책 후 무거운 겨울옷을 훌훌 벗고 땀을 흘리며 뮤즈의 발가락 사이사이를 닦아드리고 나서 물기를 닦아드릴 때의 개운함이 좋거든요. 또 뮤즈의 안방에 들어가 앉을 수 있는 어마어마한 영광을 누리면서 신문지를 펴놓고 손발톱을 공들여 깎아드리는 것도 저는 좋습니다.

 가장 가까운 동료가 내 글을 읽고 공감하지 못한다면 무슨 의미가 있겠어요.

일간지를 읽듯 내 글의 단점만을 언급했을 때 나는 벌써 지쳐 있었는지도 몰라요. 오해를 위한 오해라고 할까요?

타인을 믿지 못하고 상도라든가, 상식이라든가, 어떤 암묵적 약속 같은 것이 사라진 사회에 나는 살고 있구나 하고. 어떤 일이 벌어지면 피해 입지 말아야지, 사건에 휘말리지 말아야지, 내가 책임지지 말아야지 라는 사회 속에서 나는 과연 나의 목소리를 잃지 않고 낼 수 있을까요?

나는 자신이 없어졌어요.

멀리 부산 요양원에서 정기적으로 블로그에 다녀가며 응원해 주시는 선생님 고마워요. 어쩌면 당신이 나의 가장 가까운 동료인지도 모르겠어요.

열아홉 요양보호사를
만나고 싶다

이런 응원의 글을 받은 적이 있다.

안녕하세요. 저는 열아홉 살이고 현재 요양보호사 자격증을 따기 위해 학원을 다니고 이제 곧 실습을 가는데요. 시험이 두 달 남기도 했고 배우는 입장으로서 정말 봉사를 다니고 싶은데 아무래도 19살이라는 이유로 많이 거절당하더라고요! 정말 열심히 할 수 있는데 아무도 제 말은 안 믿어주시고 가족들마저도 너무 반대를 해서 힘든데 요양보호사 일지를 읽고서 아 나도 꼭 좋은 요양보호사가 될 수 있게 노력해야겠다는 생각이 들었어요. 꼭 열심히 할게요! 제가 어려서 아직 모르는 게 너무 많은데 앞으로 조언 부탁드려요. 정말 너무 글이 다 좋아요. (2018.8.16)

- 열아홉의 요양보호사를 만나보고 싶군요! 시험에 합격하기를

바라고 그리고 합격 후 '복지넷사이트'로 구인구직을 알아보시고, 가까운 데이케어센터에 직접 방문하셔서 봉사를 하고 싶은데 시켜달라고 하시면 좋은 경험이 될 것이며, 요양원 봉사는 동사무소 가셔서 복지담당에게 봉사가 하고 싶으니 근처 요양원을 소개해 달라고 해보시면 어떨까요? 직접 발로 뛰세요!

내가 보낸 답변은 누구나 할 수 있는 내용에서 그쳤기에 오래도록 마음에 남아 있다. 요양보호사로 입문한 지 3년 차. 나는 이렇다 할 요양보호사로서의 각오라든가, 간병에 대한 확고한 신념이 아직 없다.

미야자와 겐지 동화 중에 『오츠벨과 코끼리』를 보면 이런 이야기가 나온다.

처음에는 노동의 기쁨을 노래하며 일하던 코끼리가 감당하지 못할 정도의 노동으로 점점 웃음을 잃어간다. 코끼리의 눈물을 외면한 오츠벨은 마침내 코끼리들의 공격을 받게 되는데 하얀 코끼리는 숲으로 돌아간다. 만약 코끼리가 오츠벨에게 힘이 들어서 여기까지만 일하고 그만하겠다고 했다면 오츠벨은 어떻게 했을까.

산타마리아를 노래하며 기쁘게 일하던 코끼리가 변심을 했다고 생각했을까, 아니면 전보다 더 달콤한 제안을 해서 자신의 목적을 달성했을까.

미야자와 겐지는 왜 어린이가 읽는 동화에 이런 질문을 던져놓았을까.

요양보호사로서 지낸 날들을 돌이켜 보면 나는 이 하얀 코끼리와 같다.

처음에는 뮤즈와 제우스의 일상에 도움이 된다는 것만으로도 기뻤다. 매 순간이 어린이가 세상을 바라보는 눈처럼 새롭고 경이롭고 따뜻했다. 3교대 근무도 견딜 만했고, 제우스의 기저귀를 가는 일도, 목욕을 씻겨드리는 일도 처음에는 서툴렀지만 익숙해져 갔다. 가까이 다가가면 꼬집고 때리는 분도 계셨지만, 맞지 않고 꼬집히지 않도록 조심할 수도 있었다.

생사의 갈림길에 있는 뮤즈를 돌보느라 밤을 꼬박 새웠던 어느 날엔 집으로 돌아와서 휴일인 그다음 날까지 침대에 누워 있었다. 나는 더 이상 웃지 않고 있었다.

여기까지가 나의 '오츠벨과 코끼리'에 대한 이야기다.
그렇다면 나는 다시 웃음을 되찾기 위해 하얀 코끼리처럼 살던 숲으로 돌아가야만 하나. 이 질문에 나는 아직 답하지 못한 채 새해를 맞이했다.

갑자기 열아홉에 요양보호사가 되겠다고 문의했던 분의 안부가 궁금해졌다.

나는 열아홉의 요양보호사를 만나고 싶다. 그녀 혹은 그와 동료가 되어서 아픈 몸으로 사는 분들을 돕기 위해 우리가 무엇을 할 수 있는지, 무엇을 해야 하는지, 그리고 또 어떤 마음가짐이어야 하는지에 대해 이야기를 나누고 싶다.

"어느 인생도 고귀하지 않은 인생이 없어. 재가방문을 하다 보면 이불도 꿰매주고, 단추도 달아주고, 밑단도 꿰매주고. 남한테 잘 하는 게 나한테 잘 하는 거야."라고 한 선배 요양보호사의 말에 감동을 받고 정신을 차렸던 경험도 들려주고 싶다. 그리고 내가 지치고 힘이 들 때 위로가 되었던 시도 들려주고 싶다.

> 비에도 지지 않고
>
> 바람에도 지지 않고
>
> 눈에도 여름 더위에도 지지 않는
>
> 튼튼한 몸을 가지며

욕심은 없고

결코 화내지 않으며

늘 조용히 웃고 있다. 하루에 현미 네 홉과

된장과 약간의 야채를 먹으며

모든 일에 자신을 계산에 넣지 않으며

잘 보고 듣고 이해하며

그리고 잊지 않고 들판의 소나무 숲 그늘 작은 오두막에 살며

동쪽에 병든 아이가 있으면 가서 돌봐 주고

서쪽에 지친 어머니가 있으면 가서 그 볏단을 져 주고

남쪽에 죽어가는 사람이 있으면 가서 두려워하지 않아도 된다고

말해 주고 북쪽에 싸움이나 소송이 있으면 쓸데없는 일이니 그만

두라고 말하고 가뭄이 들 때면 눈물 흘리고

추운 여름에는 안절부절 못하고

모두에게 바보라고 불리며

칭찬도 받지 않고

근심거리도 되지 않는

그런 사람이 나는 되고 싶다

- 미야자와 겐지(번역 이은주)

분명 우리의 인생은 시작도 하지 않았는데 끝나버릴지도 모른다. 아니면 끝이 났다 싶었는데 아직 살아야 할 날들이 남아있을지도 모르겠다.

모든 것에 대답하려고 들지도 말고, 모든 것을 극복하려고 하지도 말며, 또 모든 것을 해결하려고도 하지 말아야지.

그리고 나에게 주어진 길을 걸어가야겠다.

부족한 2%의 사명감을
찾아서

　어디에서 그런 눈물이 나오는지 모르게 펑펑 울고 나니 속이 시원했다. 눈이 내리고 있었다.
　선배 요양보호사에게 2시간의 재가방문을 위해 왕복 1시간을 써야 할지 고민이라고 말씀드렸다가 이 일은 사명감이 없으면 못 한다고, 아직 젊으니까 다른 일을 찾는 게 좋을 거라는 조언이 머리에서 떠나질 않았다. 뭐랄까 차원이 다른 영역을 느끼고 싶다고 할까?
　나는 부족한 2%의 사명감을 찾기 위해 아흔의 독신인 뮤즈를 만나러 갔다. 한 달 전의 일이다.

　그날은 기존에 활동하고 있는 요양보호사님이 김치부침개를 부치고 있었다. 어림짐작으로 일곱 장 정도가 소쿠리에 펼쳐져 있었는데 요양보호사님은 사람 좋은 미소를 지으면서 내가 체류한 2시간 내내 김치부침개를 부쳤다('혼자 사시는데 왜 그렇게 많은 부침개가 필요하실까요.' '두고두고 드신대요.'와 같은 짧은 대화를 나누었다).

내가 거실 걸레질을 하는 동안 나를 따라다니는 뮤즈의 눈. 도자기 먼지를 닦을 때, 깔개를 털고 제자리에 놓을 때 뮤즈의 표정에서 뭔가 2% 부족해 하는 느낌을 받았다. 깔개의 위치가 조금 어긋나 있어서 그랬나 싶어 주의를 기울이며 청소를 했다(사회복지사로부터 기존의 요양보호사까지 서비스가 부족하다고 느끼는 것 같다는 말을 듣고 왔기에 조심스러웠다).

다음날부터 서비스는 개시될 예정이었으나 사회복지사를 통해 활동을 안 하셔도 된다는 문자를 받았다. '마음'에 안 들 수도 있지 싶었다.

그리고 바로 오늘 아흔의 독신 뮤즈와 재회를 했다. 손발의 협응력이 또래의 아이들보다 떨어진다는 손자를 재촉하며 서둘러 어린이집에 보낸 후 약속시간을 엄수하기 위해 나는 달렸다.

독신으로 조카들을 키우고 이제는 혼자 산다는 뮤즈가 내 이름을 묻고 전화번호를 물어서 수첩 크기의 포스트잇에 적어

드렸다. 이윽고 뮤즈가 집주소도 적어달라고 했다.

나는 혹시라도 아흔의 뮤즈가 나중에 고맙다는 인사로 택배라도 보내면 부담스러울까 봐 동네 이름만 알려줬다. 다시 뮤즈가 정확한 주소를 원하자 '주소가 왜 알고 싶으신데요?' 하고 내가 물었다. 그러자 뮤즈가 이렇게 말한다.

"잘못하면 고소하려고."

잠시 침묵이 오간 뒤 나는 입고 있던 앞치마를 벗어서 개켰다.

"죄송해요. 아무래도 저는 못 할 것 같습니다."

사회복지사에게 전화를 걸어 같은 말을 반복하자 그제야 뮤즈는 "농담이었어."라고 하는데 그 말이 더 무서웠다.

어디에서 그런 눈물이 나오는지 모르게 눈물이 주룩주룩 흘러내렸다. 밖에는 눈이 내리고 있었다.

"아, 무슨 그런 무서운 말씀을 하세요?"라고 웃어넘길 여유 같은 건 나에겐 없었다.

미친 듯이 세 정거장을 걷다가 전철을 갈아타고 만나러 간 후배는 나보다 더 속이 상한 표정이었다.

집으로 돌아오는 길에 이런 생각을 했다. 부족한 2%의 사명감을 찾는 것은 실패했지만, 아흔의 독신인 뮤즈의 입장에서는 낯선 사람에 대한 신용이 필요불가결할 것이다. 때에 따라서는 거동이 불편한 뮤즈의 현관 비밀번호도 알게 된다. 하루 종일 켜놓은 티브이에서는 무시무시한 뉴스가 무한 반복된다. 두려워지는 건 당연하다.

출판사에 다닐 때 보증보험을 요구해서 가족의 보증하에 보험을 들었던 적이 있다.
재가방문 요양보호사 활동 시 건강보험공단에서 신용보증보험을 필수로 들어주는 방안이 모색되면 어떨까.
독거노인이 자신을 보호하고 안전하게 느낄 수 있는 심리적 안전장치를 생각해 보았다.

2% 부족하지만
날마다 사랑합니다

 어제는 NGO 단체인 '마포희망나눔'의 '마음'과 반나절 동안 마을을 돌아다녔다. 협찬받은 물품을 차에 가득 싣고 '마음'은 신나게 달렸다. 오늘의 나의 주인공은 차에 나를 남겨 놓고 마을 사람들과 정담을 나누며 그 물건들을 건넸다. 그 모습에는 어쩐지 한없이 투명하고 맑은 정신이 담겨있는 듯 보였다.

 '마음'이 신나게 달리며 마을사람들의 변화된 면면을 이야기할 때 그녀의 이마가 환하게 빛났다. 살아 있는 것만으로도 눈물 나는 가정의 아이들의 청소년 멘토가 되어주고 그 아이들이 자라 또 누군가의 멘토가 되어주도록 맺어준 이야기를 할 때 그녀는 『행복한 왕자의 세계』에 사는 인물이었다.

 그녀는 도움을 받던 마을사람들이 다시 도움을 주는 존재로 이동할 수 있도록 날개를 달아주는 연금술사 같다. 그녀의 마법 같은 세계에 걸어 들어가 한동안 나오고 싶지 않았다.

'마음'의 말을 듣다 보면 정말이지 모두 보석 같은 말들이다. '마음' 어록을 남겨야 할까. 퉁명스럽게 던진 말에서 나는 우리 집 살림에 삼수를 하겠다는 작은조카를 조용히 응원하기로 결정했다(자기가 알을 깨고 나오면 병아리가 되고 남이 알을 깨면 달걀후라이가 된다는 말이 결정적이었다).

그녀가 사랑하는 마을사람들. 그 사람들을 대하는 그녀의 태도에 감동한다. 그리고 처음으로 누군가 무상으로 주는 물건을 부끄러움 없이 받을 수 있었다.

그녀가 그 물건들을 협찬받기까지, 그리고 그 받은 물건을 차에 싣고 자신의 몸으로 온전히 그 짐의 무게를 다 감당하면서까지 얼마나 기뻐하며 가져다주는지 지켜보았기 때문이다(손자를 잘 키우겠습니다).

사회적 입장에서 보면 나는 손자와 둘이 사는 조손가정이다. 그런 난 조금 삐뚤어져 있었다. 무상의 도움이 참을 수 없게 느껴졌다. 가난은 부끄러운 거라고 나도 모르는 사이 학습되어 버렸다. 아니, 무언가 받을 때보다 줄 때의 기쁨이 더 크다는 걸 알기에 자꾸 가진 자의 입장만 탐이 났다.

그러나 그것마저도 다 쓸데없는 감정이라고 '마음'은 말하는 것 같았다.

나는 매주 그녀의 차를 타고 달리고 싶다. 그녀의 이야기를 기록으로 남기고 싶다.

요양보호사 이주에 대한 제안

재가방문 요양보호사의 커뮤니티를 구축하고 방문서비스의 질을 개선할 수는 없을까?

가사지원, 간호, 고립, 소외감을 줄일 수 있는 말벗 이외에 돌봄 어르신들의 '노인 보조기구' 중고물품 벼룩시장을 운영한다든지 중고물품 기부를 통해 나눌 수 있는 것은 나누면 좋겠다.

생활협동조합과 연계하여 일상생활에 필요한 식료품을 공동 구매로 이끌어 매일 신선한 채소와 과일을 드시게 할 수 있다면 어떨까.

제철 과일을 포도 한 송이, 복숭아 한 개, 수박 4분의 1 크기로 한정하여 판매하는 것이다. 냉장고에서 잊어버려서 썩지 않을 만큼 한두 끼에 먹을 수 있는 양을 조리하지 않고 먹을 수 있는 야채, 과일 중심으로 구매할 수 있다면, 한 가지 음식을 질리도록 드시지 않아도 될 텐데. 사실 먹거리에 관련된 돌봄이 가장 필요한 서비스가 아닐까?

샴푸나 락스, 혹은 된장, 고추장과 같은 무거운 장을 한꺼번에 볼 수도 없으니 택배를 이용하여 장을 돕는 시니어 쇼핑 시스템도 노인을 중심으로 창업이 이루어지면 좋겠다.

또한 욕실 샤워기라든지 요리용 칼갈이, 베란다 빨랫줄, 모기장이나 집수리와 같이 타인의 도움이 없이는 일상생활을 영위할 수 없는 일들을 소정의 재료비만 받고 부담 없이 부를 수 있도록 노인 창업은 또 어떤가. 함께 고민해도 좋을 것 같다.

이 모든 생각은 인지가 부족한 두 아들의 밥과 반찬을 준비하는 아흔에 가까운 뮤즈의 베란다에 의자를 놓고 올라가 철물점에서 산 빨랫줄을 달아주면서 떠오른 생각이다.

내가 플라스틱 의자에 올라가 빨랫줄을 달려고 허공에서 버둥대고 있는 동안 티브이를 켜놓고 누워서 구경만 하던 55살 아들은 어머니가 돌아가시면 어떻게 살까? 또 그의 형은.

일본이나 캐나다에 요양보호사 해외취업이 이루어지는 것을 보면 한국 또한 요양보호사 부족 현상이 나타날 것이다. 특히 농어촌 지역일 경우 교통 및 접근성이 어려울 텐데 요양보호사들 직업군의 이주를 돕는 시스템을 마련하면 좋겠다.

도시 생활에 지치거나 셋방살이에 푼돈을 모을 수 없는 요양보호사가 일정 기간 계약을 하고 이주를 하는 것이다.

임대아파트를 대여해준다든가 마을의 빈집을 무상 지원해주는 대안 말이다.

심장이 오그라들 것 같은
날엔

새로 생긴 마포중앙도서관에서 그림책을 빌려왔어. 『쑥갓꽃을 그렸어』를 펼쳐 놓고 작은 스케치북에 옮겨 보았지. 2주 동안 내 방을 장식할 그림이야. 하루 종일 아픈 뮤즈를 돌보느라 심장이 오그라들었는데 스케치북에 칠한 파스텔을 지우개로 지우며 번지기 놀이를 하다 보니 오그라들었던 심장이 다시 제자리를 찾아서 다행이야.

돌봄에서
잠시 벗어나기

　　1박 2일 손자와 꿈동이 캠프에 가기 위해 잠시 돌봄을 내려놓는다. 한 달 전부터 사회복지사와 상담해 두어서 양손마비인 몰라뮤즈의 돌봄을 대체할 선생님은 배정되어 있다.

　문제는 뮤즈가 낯을 가린다는 것. 매일 했던 샤워를 거른단다(뮤즈 당신은 양손이 불편해서 항상 뒷물을 해야 하잖아요 라고 말할 뻔했으나 꿀꺽. 실례가 되니까).

　그래 편지를 쓰자. 뮤즈의 방에 엎드려서 3시간 동안의 역사를 적는다.

　　선생님 잘 부탁드립니다.
　　저는요, 10시에 오면 냉장고 두유를 핑크 컵에 따라드려요. 원하시면 토마토도 드립니다(밥이 있는지, 빨래가 있는지 체크 후 부족한 부분을 먼저 합니다). 목욕은 11시쯤 하세요. 간단한 샤워. 치카 먼저 하십니다. 점심수발은 무말랭이 반찬과 꽈리고추볶음 두 가지를 상에 올리고 식사 후 오메가3 약 두 알 드셔요(어묵볶음도 있네요). 저녁에 드실 약과 마그밀 두 알은 파란 컵 안에 세팅해 드립니다. 그래도 시간이 남으면 방과 부엌 걸레질을 해드리지요. 그러고 나면 대충 3시간 돌봄 일이 마무리됩니다. 쉬고 싶을 때는 잠시 쉬었다가 점심 준비해드릴게요 라고 말씀드리고 돌봄 시작할 때는 그날의 계획 세우기를 하는데 앞의 모든 돌봄을 한 번씩 대화로 나누는 정도지요. 오늘 밥부터 할까요? 하고.

뮤즈의 방에 편지를 두고 나오면서 내가 말한다.

"다녀오겠습니다. 저 보고 싶으시면 '은주야~' 하고 부르세요. 그럼 제가 멀리서 '예~' 할게요."

그러자 뮤즈가 웃는다. 어제 미용실에 모시고 가서 자른 컷이 잘 어울리는 모습으로.

서면 인터뷰

치매는 사랑으로
회복한다

〈헬스인뉴스〉 창간호에 실을 서면 인터뷰를 진행했다.
뮤즈와 제우스의 소중한 일상을 지원하는 요양보호사로서
어떻게 하면 독립적이고 개별적인 존재로서 노인을 대할지
함께 고민해 보고 싶었기 때문이다.

(잡지사의 허락을 구하고 서면 인터뷰 기사를 소개하기로 한다. 부족한 서면
인터뷰 내용을 정리한 천혜민 기자에게 감사의 말을 전한다.)

Q. 요양보호사는 치매 환자를 어떻게 돌보나? 간병인과 어떤 점이 다른가?

흔히 요양보호사와 간병인의 업무를 혼동하는 사람들이 있다. 요양보호사의 경우 국가공인자격증을 획득해야 하는 반면, 간병인은 자격증의 유무가 크게 상관이 없다. 나는 그보다 환자를 책임지는 범위에 큰 차이가 있다는 말을 하고 싶다.

요양보호사가 간병인과 다른 점은 환자의 건강, 안전, 심리 상태 등 모든 것을 책임지고 돌본다는 것이다. 요양보호사의 아침은 창문을 열고 환기를 시키면서 요양원 어르신들의 밤사이 안부를 묻는 것으로 시작한다. 기저귀를 갈아드릴 때는 단순히 기저귀만 교체하는 것이 아니라 밤사이 다친 곳은 없는지, 염증이 생기거나 불편한 곳은 없는지도 체크한다. 손톱 깎기, 면도, 목욕은 물론이며, 이·미용을 도울 때도 있다. 인지가 있는 분께는 말벗 도우미가 되어드리며, 장기간 누워 있는 분들은 특히 구강 청결에 신경을 쓰고, 자주 체위변경을 해 욕창을 미연에 방지한다.

Q. 요양보호사는 치매 환자들만 보호하는 것은 아니라고 알고 있다. 치매 환자를 돌볼 때와 다른 환자들을 돌볼 때의 차이가 어느 정도 있을 듯하다.

대답하기 쉬운 듯 어려운 질문이다. 경험에 따르면 치매 증상이 있는 분을 돌볼 때는 무엇보다도 보호자가 그들에게 정서적 지지자가 되어 주는 것이 중요하다고 느꼈다. 치매 환자가 나에게 같은 질문을 반복적으로 할 때, 똑같은 질문을 되풀이한다는 것을 알리려 하기보다 처음 질문을 받은 것처럼 반응해 그들을 불안하게 만들지 않는 것이 좋다는 말이다.

또, 치매 환자들은 날씨, 시간 등 환경적인 요소에 따라 감정이 좌우될 때가 많다. 가장 대표적인 것으로 해 질 무렵 혼란스러워지고 불안해하는 증상이 심해지는 '석양 증후군'을 떠올리면 된다. 낮에는 별문제 없이 생활하시다가도 밤이 되면서 과민해지는 현상을 말하는데, 이때 관리가 소홀해지면 화재나 실종 사건이 발생하기도 한다.

그럴수록 나는 과감히 하던 실무를 놓고 환자분과 시간을 보내려 한다. 손을 잡고 산책을 하거나 눈을 바라보며 대화할 때 증세가 완화되는 경우도 실제로 있었고, 비 오는 날 집에 가겠다고 짐을 싸고 서성일 때는 다른 층으로 모시고 가서 주의를 환기하는 것도 하나의 방법이다.

> Q. **치매 환자를 집에서 간호할지, 요양원으로 보내야 할지에 대해 의견이 분분하다. 이 때문에 가정불화가 발생하기도 하는데, 전문가의 입장에서는 어떻게 생각하나?**

집에서 간호할지, 요양원에서 보호할지에 대해서는 둘 중 어떤 것을 선택하라고 말하기 애매하다. 다만 앞으로 치매 환자들이 선택할 수 있는 폭이 넓어져야 한다고 생각하는데, 일본에는 요양원으로 가고 싶지 않은 치매 어르신들을 위한 요양원이 있다고 한다. 나 역시 '치매로 시설에 들어가서 살고 싶지 않다', '가능하면 내 자신의 고유한 공간에서 마지막을 보내고 싶다'고 생각하기에 가까운 나라인 일본에 이런 모델이 있다는 사실만으로도 반갑기만 하다.

이는 행동 증상이 심해 다른 시설에서 받아주지 않는 치매 환자의 가족들에게도 아주 반가운 소식이다. 노인 인구가 많은 일본은 현재 노인환자 가운데 간병인이 필요한 가구가 전체의 50%를 넘어섰다고 한다. 이를 해결하기 위해 간병인을 늘리려고 해도 재정문제가 심각하다.

우리나라도 곧 일본의 현실과 같아질 거라고 생각한다. 이제는 요양원에서 모시고 안 모시고를 떠나서 치매는 각 가정의 문제가 아니라 사회 문제로 보고, 마을 자체를 시스템화하여 노인을 보호하자는 움직임이 하나의 방법이라고 보인다. 아이 한 명을 키우기 위해 마을 전체가 움직여야 하듯, 노인 한 분을 보호하는데 마을 전체가 움직일 수 있도록 사고를 전환하는 과정이 필요할 것 같다.

Q. 치매 환자를 대할 때 '이것만은 지키자'라고 강조하고 싶은 것이 있다면

우선 처음 요양보호사 실습을 나갔을 때 일을 말해야 할 것 같다. 휠체어를 타고 끊임없이 배회하면서 물건을 쓰러뜨리는 어르신을 보고 나는 그 행동을 멈추도록 해야겠다고 생각했고 휠체어를 못 움직이게 잠근 채 붙잡고 있었다. 그때 선배 요양보호사가 "못 움직이게 하는 것도 학대에 속하는 거다. 자유롭게 움직이도록 두고 보호하는 게 우리들의 일이다."라고 말한 것이 아직도 생생하게 기억난다.

이 이야기를 한 이유는 우리가 일반적으로 옳다고 판단한 것을 치매 환자에게 강요하는 것도 일종의 학대라는 사실을 아는 것이 중요하다는 걸 꼭 말하고 싶었기 때문이다. 위험해 보인다고 해서 배회하는 분을 억제하거나 묶어두지 않길 바란다. 물론 요양보호사 혼자서 여러 명의 식사 수발을 할 때 피치 못하게 휠체어에서 못 일어나게 할 때도 있지만, 그것은 어디까지나 일시적으로만 사용해야 하는 방법이다.

또 치매 환자의 보호자는 같은 질문을 천 번 들으면 천 번 대답해드릴 수 있도록 정신적인 무장을 해야 한다. 동시에 주변에 치매를 앓고 계시다는 것을 알리는 것도 필요하다. 물론 쉽지는 않겠지만, 치매 환자를 가진 가족은 일상생활에 균열이 발생하는 것을 최소화하기 위해서라도 혼자 짊어지려고 애쓰지 말고 낮 동안 보호해 드리는 데이케어센터를 이용하거나 동사무소에 가서 복지사의 적절한 도움을 받는 게 우선이다.

Q. **지금까지 치매 환자들을 돌보면서 가장 기억에 남는 일화가 있다면?**

나는 어르신들을 '뮤즈'와 '제우스'라고 부른다. 삶의 전쟁터에서 혼신을 다하여 살아낸 분들은 그리스·로마 신화에 나오는 신들과 같다고 생각하기 때문이다. 수많은 환자들을 거쳐 왔지만, 지금 당장은 요양보호사가 되어 처음으로 임종을 지켜본 분이 떠오른다. 그분의 임종 이후에 쓴 메모를 살펴보면 이렇게 적혀있다.

"뮤즈98의 룸메이트는 지금은 하늘나라에 간 줄리에트비노슈 뮤즈. 그녀가 소파에서 낮잠을 자면, 나는 무릎담요를 덮어드린다. 그녀의 잠든 모습을 사진에 담았다가 모두 잠든 밤에 스케치를 하기도 했다. 굽실굽실한 반백의 머리카락, 넓은 이마, 창백한 뺨, 얇은 입술, 단정한 턱. 그녀의 일생이 어땠는지 나는 모른다. 단지 밤이면 배회하는 치매를 앓고, 냉장고에서 음식을 꺼내 드시는 식탐이 많은 현재의 뮤즈만 알 뿐."

그녀가 하늘나라로 먼 여행을 떠났다는 걸 처음 발견한 사람이 나서서 다행이었다. 숨을 거두기 전날 그녀는 내게 말했다. "고마워"라고. 무엇이 어떻게 고마운지 묻지도, 답해줄 수도 없는 그녀. 그녀의 눈을 감겨주면서 "아무 걱정 마세요. 자식 걱정도 말고, 돈 걱정도 말고, 어떻게 살아야 할지도 걱정하지 마세요. 편히 쉬세요."라고 속삭였다.

Q. 최근 치매 국가책임제가 본격적으로 시행되면서 치매 환자를 국가 차원에서 관리하려는 움직임이 보이기 시작했다. 치매 환자의 삶의 질을 높이기 위해 앞으로 이 제도가 나아갈 방향에 대해 조언한다면?

국가 차원에서 요양병원을 증설하여 관리·감독하는 치매국가책임제도 물론 장점이 많은 제도다. 그러나 치매 노인의 삶에 어떠한 영향을 미치기 위해서라면 육아휴직처럼 자식이 부모 치매 돌봄을 위해 휴직을 신청할 수 있는 제도를 제안하고 싶다. 최대 1년 기한으로 6개월씩 두 번 연장 가능하며 자녀와 사위, 며느리에 한해 신청하도록 하면 온 가족이 두루두루 보호에 참여할 수 있을 거라 생각한다.

또한 자식이 부모 돌봄을 할 경우에도 1일 1식 도시락 배달 제도를 이용하여 치매노인의 영양을 돕고, 동 단위로 간호사와 사회복지사 이외의 인력을 동원하여 단순히 이들을 관리·감독하는 차원이 아닌, 가정 내 치매 돌봄으로 인한 고립감 내지는 상실감을 케어할 수 있도록 돕는 새로운 직업도 필요하다고 생각한다.

 치매에 걸린 부모를 무조건 요양원에 모시기보다, 그들의 삶이 존중받을 수 있도록 마을 단위의 공동체 돌봄 서비스를 도입하여 '노노케어'를 실시한다면 정년 이후의 노인들에게도 새로운 일자리가 생기지 않을까?

Q. 요양보호사로서 가정에 치매 환자를 둔 이들에게 전하고 싶은 말은?

 얼마 전 NGO 단체에서 기획한 부모 교육 강의를 듣다가 문득 이런 생각이 들었다. 육아를 위해 부모 교육을 받는 것처럼 부모를 잘 모시기 위한 교육도 필요하겠다고. 요양보호사로 근무하면서 부모님을 요양원에 모셔 두고 집으로 돌아가는 자식들이 부모를 버린 듯한 죄책감으로 혼란스러워하는 모습을 숱하게 봐 왔다. 그 모습이 떠오르면서 부모와 자식 모두 트라우마가 되지 않는 건강한 이별을 연습하는 것도 중요하겠다는 생각이 든 것이다. 물론 처음부터 쉽지는 않겠지만 그 과정도 부모를 잘 모시는 방법을 배워가는 것이라고 생각하면 어떨까?

요양원에서 부모님을 모시는 자녀분들께는 소소한 팁을 전해주고 싶다.

많은 자녀분들이 오랜만에 부모님을 뵙기 위해 요양원을 찾아오시고는 할 일이 없어 금방 일어서곤 하는데, 그 시간에 많은 스킨십을 나눌 것을 권한다.

즐겨 드시는 간식을 함께 먹고 손발톱을 깎아드리거나 머리를 빗겨드리고, 한 번쯤 옷도 갈아입혀 드리며 전체적인 건강을 살피는 과정에서 부모님은 심리적으로 안정감과 유대감, 자녀의 사랑을 느낄 수 있기 때문이다.

Q. 참고할 만한 치매 관련 서적을 소개해준다면?

치매 환자를 직접 돌본 수기로는 알츠하이머 치매 아버지를 돌보며 쓴 십 년의 간병 일기인 리타 류지의 『아버지, 롱 굿바이』, 파킨슨병과 치매를 앓고 있는 할머니를 손자의 눈으로 바라보며 가족들이 변화해가는 모습을 그린 곤도 나오코의 『아카리 씨, 어디 가세요?』, 치매환자가 지내기에 알맞은 실내 환경이 어떠한 것인지 소개한 일본건축학회의 『치매케어 주거환경 사전』 등이 있고, 그 밖에 추천할만한 관련 도서로는 양영순의 『치매, 그것이 알고 싶다』, 가노코 히로후미의 『정신은 좀 없습니다만 품위까지 잃은 건 아니랍니다』, 오타사 에코의 『일흔 넘은 부모를 보살피는 72가지 방법』, 전성실의 『살아있는 것도 나눔이다』 등이 있다.

에필로그。

이 책을 통해 요양보호사가 어떤 일을 하는지, 요양보호사에게서 어떤 돌봄을 받는지 노인 스스로 자신의 권리가 무엇인지 알았으면 좋겠다. 조금 더 욕심을 내자면 요양보호사로 활동하는 분의 자녀가 낮 동안 자신의 부모가 어떤 활약을 하고 있는지 알게 된 후 집으로 돌아온 부모님께 물 한잔 따라줄 수 있었으면 좋겠다.

자식 입장에서는 또 어떤가. 요양원이나 주야간 보호소에 부모님의 돌봄을 부탁한다고 해서 부모를 버리고 왔다는 생각에서 벗어날 수 있었으면 좋겠다. 오히려 자원봉사를 온 학생들과 돌봄 종사자들과 동료 노인과의 다양한 만남이 인지 자극이 되고 지루하지 않을 수 있으며 규칙적인 식사로 건강을 유지할 수 있을 테니까.

부모님을 요양원이나 주야간보호소에 부탁했다고 부모 봉양이 끝난 것은 아니다. 집집마다 자기 자식 키우는 방법이 있듯이 부모님을 봉양하는 방식도 일관적이게 자기만의 방식이 있어야 한다고 나는 생각한다.

 발마사지를 해드리며 대화를 시도한다거나 손발톱을 잘라드리며 어디 아픈 곳이 없는지 수시로 살펴야 한다. 그리하여 이 책을 읽다가 어머니 또는 아버지가 보고 싶어져서 책을 덮고 요양원에 있는 부모님을 찾는 독자가 있다면 좋겠다.

 다음 방문할 때는 좋아하시는 계절 과일을 가져다드리고 싶어지거나 당신이 사랑했던 손주의 사진을 벽에 붙여드릴 여유가 생긴다면 더없이 기쁘겠다.

그리고 한 가지 고백할 것이 있다면
나의 이런 모든 돌봄에 대한 지식과 실천이
나의 엄마에게 만큼은
미치지 못하고 있다는 사실이다.

언제부턴가 나와 병원 동행하던 것을
거부하시는 엄마.
당뇨와 고혈압에 나쁜 젓갈 대신
심심한 요리를 해드리면 타박하는 엄마.

이젠 슬픈 일이 생겨도
가슴에 하나도 와 닿지 않는다는
말씀을 하시는데
우울증이 엿보이는 엄마를 보면서
나는

정말 신이 있다면,
그리고
내가 신을 믿는다면
사람은 왜 늙고, 병들어서 죽어야하는지
묻고 싶어진다.

어느 요양보호사의 눈물콧물의 하루

나는 신들의 요양보호사입니다

초판1쇄 발행 2019년 11월 1일
초판3쇄 발행 2020년 4월 25일

지은이　이은주
펴낸이　유상원
펴낸곳　헤르츠나인(상상+모색)
디자인　이정아

등록일　2010년 11월 5일
등록번호　상상+모색 제313-2010-322호
주 소　경기도 고양시 일산동구 탄중로344 태영 601동 401호
전 화　070-7519-2939
팩 스　02-6919-2939
이메일　hertz9books@gmail.com
ISBN　979-11-86963-41-8 03810

copyright ⓒ 2019, 이은주
저자와의 협의 아래 인지를 생략합니다. 파본은 구입하신 서점이나 본사에서 교환해드립니다. 책값은 뒤표지에 있습니다. 본 책은 저작권법에 의해 보호를 받는 저작물이므로 무단 전재와 복제를 금합니다.

헤르츠나인은 상상+모색의 출판브랜드입니다.

이 도서는 한국출판문화산업진흥원의 '2019년 출판콘텐츠 창작 지원 사업'의 일환으로 국민체육진흥기금을 지원받아 제작되었습니다.

이 도서의 국립중앙도서관 출판예정도서목록(CIP)은 서지정보유통지원시스템 홈페이지(http://seoji.nl.go.kr)와 국가자료종합목록 구축시스템(http://kolis-net.nl.go.kr)에서 이용하실 수 있습니다. (CIP제어번호 : CIP2019040166)